[illegible]

二〇〇三.八

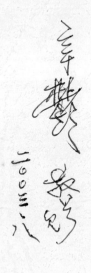

辛鬱著

文學叢刊

辛鬱四書

龍變

文史哲出版社印行

國家圖書館出版品預行編目資料

龍變 / 辛鬱著. -- 初版. -- 臺北市 : 文史哲, 民 92
面; 公分. --（辛鬱四書）（文學叢刊 ; 151）
ISBN 957-549-515-2 (平裝)

857.7 92011648

文學叢刊 ⑮

辛鬱四書 龍 變

著 者：辛 鬱
出版者：文史哲出版社
http://www.lapen.com.tw
登記證字號：行政院新聞局版臺業字五三三七號
發行人：彭正雄
發行所：文史哲出版社
印刷者：文史哲出版社
臺北市羅斯福路一段七十二巷四號
郵政劃撥帳號：一六一八〇一七五
電話 886-2-23511028・傳真 886-2-23965656

實價新臺幣三六〇元

中華民國九十二年(2003) 七月初版

ISBN 957-549-515-2

寫在前頭

我生來不是一個寫作人，結果卻以寫詩、小說、雜文甚至廣播劇本、電視劇本過了大半輩子。

這要感謝我生長的環境，以及大環境中相知相交的眾多朋友，當然，對我親愛的家人更要感謝。

不論詩、小説、雜文，我的關心面一直是人、人群，與人群活動中被我看到的各種現象，以及我的能力所能追索出來的形成各種現象的原因。所以，我的作品都是些「小我」產物；但沒有「小我」，又那來「大我」呢？

四書中，「龍變」寫的是沙牧、我、楚戈、商禽等這群在藝文圈裡玩「現代」的朋友，在某一時段的狀況，有點模糊，那是因為那個時代本身也是游移、不確定的。

「鏡子」書中有很多人物，都在社會基層，他們的形象也是有點模糊的。

「找鑰匙」是我五十年寫作生涯一直堅持的原則，所以，集中所選的作品，寫得好壞不說，至少都是「言之有物」的。

「演出的我」更坦白的呈現心聲，這些作品選自我的四本詩集，要說明的是，在「辛鬱世紀詩選」選入的作品，此書都不選，所以，不見了「豹」，也不見「順與茶館所見」。另外，我從一九九六年迄今的詩作，將另編一本詩集找地方出版。

辛鬱　二〇〇三年六月於台北市

龍變

一

好黑好深哦，冰冷冷的，這一個半塌塌米大的房間像一口見不著底的井。

季節已近秋末，往年這個時候的氣溫總在十七到二十三度之間，除了一早一晚，其他的時候就跟暮春初夏沒什麼兩樣，一件短袖襯衫可以穿著到處跑。今年卻顯然不同，十三到十八度，樹葉也落得早，想想僅有的兩套西裝都還在當舖裡，三件長袖襯衫在洗衣店，套頭毛衣在上上個月拿給小吃攤老闆折清前欠，心裡的懊喪眞不知道該向誰說。

蜷縮在硬木板床上，心想所謂「百足之蟲，僵而不死」，惱怒的是此刻的自己，竟連翻身、伸腿的勇氣也沒有，不！應說是沒有力氣。

幾乎整整兩天沒有吃東西，水也喝得很少，那還有力氣？可是，前天晚上的那一餐，卻是這年來少有的豪華，陳年紹興酒，一瓶要一百好幾十，聽說市面上還缺貨，這一喝卻喝了三瓶，不！至少有大半瓶，都給那名喚阿茂的伙計喝了。

「來來，阿茂，再陪我喝一杯。」

「不啦，這位先生，我要招呼客人。」

「來吧，阿茂，你就招呼我這個客人吧！」

「是是，先生，您一個人——」

「不要您呀您的，我們是兄弟，一律平等。」

「是是，先生，您——」

「又來了，去他媽的您，我不喜歡聽！」

「先生，我這是，這是……」

「這是怎麼樣？」

「我這是尊敬您呀！」

「狗屁！」

「先生，您……」

「去去去！『您』給我走開！」

就是如此無端，這名喚阿茂的伙計被一而再、再而三的糾纏，惹鬧了鄰桌的食客，興起了問罪之師。

「喂，你這個人是怎麼回事，爲什麼要一再強迫別人陪你喝酒？你爲什麼不去酒家，那兒多的是陪酒的。」

「你說什麼，我沒有聽清楚？」

「我說你那個玩意兒癢癢，就上酒家去！」

「我不懂，不懂！不懂你在說什麼。」

「你是不是人哪？」

「是呀，怎麼不是人？我有頭有臉，有腿有胳臂，還有一顆心在跳，不信你來摸摸。不過，我不知道這顆心的顏色，你可以告訴我嗎？請，請開尊口，告訴我。」

「我看你已經喝得連自己是誰，都弄不清楚了。」

「笑話，我是個詩人，清醒得很。」

「你是什麼人？」

「詩人！」

「死人？」

「不，詩人！」

一亮出詩人身份就趾高氣揚、理直氣壯，能說不是嗎？那麼些搜字索句的日子，在北國的雪地，在淺淺的壕溝中，在負傷呻吟的弟兄身邊，在昂奮的進擊與黯然的退卻之際，在海防的哨蓬裡，在山腹的石壁旁，在笑著與哭著時……總有一些字眼閃亮，銀白色的跳躍的火熱的字眼，對自己的生命起著激越、鼓舞的作用，那是何等的神聖！

無需否疑或肯證是不
有過龍和鳳此等生命
自來我們就啜飲著
如許繁花般的美麗
你總該聞及有關
醇酒是怎樣釀成的

嘔心瀝血，詩是「死不透的歌」，然而，它常是換來陣陣冷笑、串串白眼。何必呢？人各有志，各幹各的行當，誰又侵犯了誰呢？

想著這個，便不免寒意襲心。

既博不到如雷的掌聲，又不曾換得幾分酒錢，寫詩這撈什子的行當不幹也罷。鐵了心，日子就陷於進不得退無路的膠著，心底空白一大片，拿什麼來塡，也塡不滿。

硬木板貼著脊骨，要眞是癱了也好，總有人會來抬這皮囊出去，不必送醫，叫車子直奔焚屍場吧！

這麼無濟於轆轆飢腸，想這灰濛濛死沉沉的舊事。

「我還是人嗎？」

吼叫著坐起身。如此突然的驚醒，一時間，四壁映紅，火燄撲身而來，熱流在心中翻滾，餓意消失，這該是在自閉中求取釋放的時刻。

然而時已午夜，誰家的門還開著？小吃攤也已收擋，阿茂當伙計的那家館子怕也打了烊，誰會等一個身無分文的食客？

猛然一頭冷水，餓意又充塞胸腹，不！應說是酒意。酒意？（答對了，有獎，李睿舟說的）癱倒在床上的動作竟失去連續性，軟乏、遲緩，這不是酒精作用，而是缺少了酒精的內燃，全身的骨頭脫了節。

閉眼，緊緊的閉，腦子裡不要再有那走馬燈，轉呀轉的沒有一個止息，睡眠是養份，睡過了這一夜，明天也許會是個小陽春般的日子，暖洋洋的，生命或能得到一個轉機。不是嗎？前些日子那個一臉青春痘的老弟說：

「安下心來，一個星期之內給你回音，至於工作的性質，我必須聲明，它不一定符合你的要求。」

要求？眞是的，如今這般光景，還要求什麼？只要有一份糊口差事就行。不要提過去，那也不是什麼可以光宗耀祖的。帶兵官，帶了幾個人？一分鐘就可以把所有的名字叫出來：張得功、李得勝、王得標、朱得財……三十幾個弟兄，只不過一排之長而已。再說幹那個畫報編輯，又算什麼呢？剪刀漿糊紅色原子筆，弄不清人生舞台抑或逢場作戲，反正是才子佳人，時髦人物，眼淚一把把，鼻涕擤不完，喜也罷、怒也罷、哀也罷、樂也罷，一切都混淆不清，如此而已。

哦，這可不那麼輕鬆，不是一句「去他媽的」就全能撂倒的。電影界形形色色，總叫人眼花撩亂，說它是戲如人生，一轉眼，卻可能是人生如戲。做一個即非圈內人亦非圈外人的電影畫報編輯，看多了眞戲假演、假戲眞演，能抽身就該早抽，只奈徒有這抽身之念，卻又怕抽得身出再無容身處。

這是好些朋友不了解的，所謂「內心深沉的悲哀」，最能形容這情形。酒，就在那段日子成爲一種解除心結的藥劑，誰知道這種液體並非母性的，不溫柔，也不表露絲毫愛意，從小小一杯到滿滿一瓶，它在佔有一個人的口腔舌頭心肝胃腸之後，更霸道的要佔有一個人的心思與行爲，它高高在上，成爲一個支配者。

不能不喝嗎？滿臉青春痘的老弟有一天曾問。

「能！」

答覆如斬鋼截鐵。

「那麼就不喝它，或者少喝。」

「爲什麼？」

「你不是煩惱越喝越多嗎？」

「哈哈——」

乾澀的笑聲裡藏著複雜的意味。

「老弟，你不知道有時候煩惱也是一種享受嗎？」

這話是騙人的。不過，既然尋不著快樂藏身何處，尋些煩惱來調劑一下生命中這片空白，不也很好？

不不！自尋煩惱，這太阿Q了。

阿Q，該死的鄉巴佬，兩段不同時間所衍生的雜種！怎麼拿他這號人物來類比呢？自己是這麼時髦，克拉克蓋博似的翩翩風采，走在時間的前面，血管裡流的是堂堂山東漢子的血液，出過聖人的山東，那是出師爺的紹興那個地方所沒有的榮耀，姓周的紹興老倌懂什麼？這紹興老倌製造的阿Q，怎麼能拿來跟自己相比？

螞蟻，阿Q只不過是地上爬著，成單或成群的，天天被大夥兒不經心的踩得死去活來，活來死去的螞蟻而已。自己當然不是螞蟻，不管別人以爲是不是，這絕對的認定，足以抵抗一切侮辱與污衊性字眼的射擊。

螞蟻啊螞蟻！一隻二隻三隻，十隻百隻千隻，人家躺在床上數那七隻肥羊，自己數的是千萬萬隻小小的螞蟻。睡吧，最好無夢，不，有夢更好！

也許又夢見那片麥田，金穗串串，也許又夢見那頭驢，那間茅屋，也許又夢見口啣煙桿的老人，手執擀麵棒的農家婦，說親切卻又如此陌生，擺在那麼一個舉手可及卻又抓攀不著的地方。

算了，無夢也罷。

可是，總不能也叫別人無夢，那末，就讓自己走進那人的夢中，哭也好，笑也好，這虛幻的相聚是多麼不切實際！

還是現實一點好，那位滿臉青春痘的老弟不就如此說過嗎？

「大哥，人不能脫離現實，何況，一個人吃的穿的，本來就是現實的一部份，所謂現實人生——」

「得啦，老弟，你說的我全懂。」

「本來就是嘛，你還是我很多知識的啓蒙者。」

「是嗎？」

「當然是。」

「哦，這是我的榮幸。」

「不，是我的榮幸，我慶幸能夠認識你，不過——」

「又要說道理啦？」

「我不是這個意思，我是說，你總不能一輩子不改變自己的想法看法——」

「一輩子？老弟，你說錯了，我才四十出頭，你多大了？」

「三十四。」

「尚未娶妻？」

「快啦！」

「對，那位小姐很不錯，你未來的岳父張先生，是姓張吧？」

「姓張。」

「張先生是一個好人，你會有幸福的。可是老弟，我才四十出頭，才過了半輩子，不能說是一輩子。」

「說得對，你還有一大段路要走。」

「既然如此，你怎麼可以斷定我不改變想法看法？」

「我並沒有斷定，只是說——」

「好了，老弟，我懂，我有我適應一切的能力，你看著吧，看著我怎麼改變。」

哼！現實一點，這還用得著別人提醒嗎？難道說，如今這般就不現實？錯啦，老弟，你低估了做大哥的適應力，不信你來看看，大哥這床上的東西。

怎麼啦？冷？餓？渴？秋夜寒氣逼人，阿茂啊，來一瓶陳年紹興，不！一瓶紅標米酒。

可是阿茂怎麼聽得見，這內心深處的吶喊？起來，現實一點，找阿茂去。不，阿茂找不得，那家館子的老闆娘太邪太妖，血盆大口會把人吞下，更何況，那冰冷冰冷的話語像磨利的刀鋒：

「先生，你錢多我們不希罕，以後請你到別家照顧，我們小店小廟，供不下你這位大菩薩。」

豈有此理！這是什麼話，不賒不欠，付的是百元大鈔，難道自己是瘟神不成？阿茂啊阿茂，你倒是評評理，誰是誰非？

呸！去你的阿茂，你不過是小小的伙計一個，憑什麼資格來做這仲裁者？要找，也得去找那會寫詩的律師來。對，找詩人律師，找這小子來！不對啊，這小子何以如此清瘦？而另外那些做律師的，怎麼都差不多白白胖胖呢？是寫詩的緣故嗎？這行當，徒令人瘦的行當，眞眞是不幹也罷。

卸卻詩這行當，留下來心底一片空白，拿酒來塡。

而酒呢？

杜康哦，這都怪你，你怎麼千思萬想，想出來造酒這麼一個點子？爲什麼你不釀瓊漿玉液？讓人喝了益壽延年？哦，對啦，原本酒就是瓊漿玉液，要不它怎會讓人喝了氣沖血暢，神魂倒顚，飄飄然似有那仙飛之感？

酒呢？阿茂啊，來一瓶紅標米酒，不，一杯也行。

「再來一杯，老闆。」

「先生，你已經喝了兩瓶啦。」

「再一杯，一杯就行。」

「抱歉，先生，半杯也不行。」

「這是爲什麼？」

「我要收攤了。」

「收攤？我是客人呀，我還沒有喝夠。」

「不錯，你是老主顧，多謝你常來照顧，可是先生，你還有兩頓酒錢——」

「少不了你的，你說，一共多少錢？」

「我不是向你討債——」

「一共多少錢，你說！」

「先生——」

「我馬上付清。」

「先生，你剛才說，身上不方便——」

「我有，我有錢。」

「那我就算一算，上兩回一百三，這回七十二，就算七十，一共二百整。」

「好，兩百。喏，我把這件毛衣脫給你，這還是前幾天在遠東公司買的，五百五十元。」

「先生——」

「怎麼，不夠付？」

「先生，你這不是叫我爲難嗎？」

「拿去！再來一杯，這行了吧？」

「先生——」

喝下那不知道是什麼滋味的一杯，搖搖晃晃的，狹窄的寧波西街給了自己波湧浪掀的感覺，莫非置身在家鄉的小青河裡？怎麼這水色如此混濁？

眞有點胡塗了，醉了不成？才不過兩瓶加那最後一杯，並不過量啊！那麼，是什麼原因，竟使得自己頭暈腦脹，腸轉胃翻呢？

一定是那小吃攤老闆不該要賬，怎麼可以，太不給面子了啊！

找他去，要說個清楚。

「我×某人不是胡賴。」

折回身，走了不到十五公尺，又停住。

「算啦，那種人沒有知識。」

這是一個頗能安慰自己的結論。於是，似笑非笑的一種表情浮現在臉上，昔日的英雄氣慨使周身像一只皮球充了氣，邁出了跳躍的步子。

然而這一個半塌塌米的房間怎能算個家？尤其這一床的空寂，怎能給人那種「人生的實質意義」？

也許喝酒是爲了解除這方面的乾渴吧？

朋友中似乎有人曾如此說過：

「××要是結了婚，就不會再這麼喝酒了。」

語氣並不肯定，所以也沒有人探問過自己在這方面的情形，其實，這也只有自己才弄得清楚。眞的，（不，一臉青春痘的老弟也知道一點）這是屬於自己的秘密，無須向他人揭露。而妳呢？妳們呢？如今該都已做了母親，妳們怎麼想？

人嘛，不殘不廢的，誰不想成了年有伴在身，共同走向那紅氈？自己從不否認那也是人生的一種幸福，只是在那些時日裡，它顯得飄渺無定。

不想它吧，想到它就不免又要情不自禁的伸手去摸自己的臉。

「好耀眼的勳章啊！」

誰說的？去你的蛋！你也來嚐嚐這滋味如何？還有你，老弟，你怎麼不說滿臉的青春痘也是一枚枚勳章呢？

「大哥，這構不成你自卑的理由，你可以向那位小姐解釋——」

「解釋什麼？那位小姐會喜歡戰爭？會贊同殺戮？」

「你參加的戰爭，是有意義的，這不是一場無謂的殺戮。」

「我懂，老弟，你說的都是道理，不過，對我來說，你的話不都太正面，太公式了嗎？」

「大哥——」

「好啦，不談這些。我現在難過的是，這些疤有時候會隱隱作痛。」

「怎麼會呢？」

「這你不會明白，也許是心理因素。」

「心理因素？」

「如果你臉上頸上也有這些傷疤，就會了解我所說的心理因素。」

「大哥——」

「不談了，走，我身上有錢，喝酒去！」

零零碎碎的舊事，加起來也許根本秤不出份量，然而積聚在心頭，卻如海似山，那麼遼闊那麼高。它有時候只使人更加麻木，有時候卻成爲刀尖刺進心房。

麻木也罷，刺進心房也罷，人要為自己活著，所以，不如喝酒去！
酒，想起了酒就周身軟乏，似死而死不透。

噢怎麼啦呀這是
某種凶兆時欲
一掌推倒些什麼
而某種煙時而
自教堂後端躍起
飛鳥不至
天使不來

死不透的人，怎能死透僅剩的一點慾望？喝酒去，不！找酒喝去！那個愛畫幾筆山水的娃娃臉，一定還在燈下畫他那深遠的意境，找他去。這小子也是愛喝幾杯的，家裡一定擺著整瓶整瓶的金門高粱，不，半瓶也行！

眞行嗎？據說那小子的妻子善於管束，還會藏有整瓶或半瓶金門高粱嗎？娃娃臉啊，你活該如此，誰叫你總是酒後一臉笑意，而且專門沖著少女們笑呢？活該！解釋也沒有用，你這方面的名聲在外，不必多費唇舌啦。還是畫你的山你的水你的花鳥你的茅舍吧，好小子，你要出人頭地，就得再下些功夫。

還有你，歪著一張嘴，是說多了話嗎？放心，你窮得窩在違章建築裡，還會有餘錢沽酒嗎？

聽著，歪嘴小子，請聽這「死不透的歌」：

百碼內是什麼人哦
你食指一扣動是誰的歸期
而漠水和翠山外
誰在枕上揉著鹹濕
在將墜亡的星空下
有人把一朵小野花
插在槍口上

插這小野花的人會是你嗎？歪嘴小子，聽說你十四歲就出來了，四川、湖南、貴州、雲南……大好江山都留有你的足跡，你還想著念著嗎？你在珠江洗過汗臭的衫子，那麼，你當然也嘗過大進大補的三蛇羹或那龍虎鬥，口福不淺啊，歪嘴小子。

怎麼啦，你打起鼾來了？難道你不愛聽這些？這不是嘮叨啊！什麼，你說什麼？寫不進歷史？何以這是不輝煌的芝麻小事？

歪嘴小子，醒醒啊，醒來唱你的遙遠催眠，此刻雖已夜深，卻有人還沒有睡意。

算啦，何必呢？你安睡吧，不要作夢，即使有夢，也不要夢見那鐔鐔大麵或白乾。

你們都睡吧，娃娃臉，歪嘴小子，青春痘老弟，還有秀才人情紙半張，一手龍飛鳳舞的上校，睡吧。

只是你恐難入睡，你在異國的戰場，去幹什麼呢？但願今夜你不是「手術台上一男子」，要平安歸來哪，兄弟，歸來寫你的「兵車行」，寫你的「烽煙起，血流成河」。轟吧巨砲，炸吧F一〇四，掃射吧機槍，把天地倒置吧，蠢人們！

很難逆卜什麼時分
你我的眼眶都會
遽然冒出束束野草
而復枯萎　當第三季
有薄薄的冷霜覆蓋其上
而其後復有飄飄的雪
喊我們無人記尋的名字

如今已是第三季末，照眼前的情形看，今冬的山間又將有瑞雪紛飛，又將有賞雪人們蜂湧上山，好美好美的雪花啊，此地的人們會發出連聲贊美。只是在此滿是人臉的城市，秋色是如此深深藏匿，怎及得人臉的好看。你吃過又脆又甜的蘿蔔賽梨嗎？霜打雪壓的北國，又不知將有多少人苦苦呻吟？記憶中飄雪的日子，一點也不美，一切都給時斷時續的砲火攪混了，誰家能儲足一冬的糧秣？唯聞一炕的哀嘆，誰有閒情去賞雪？

日子埋在積雪裡，緩緩地化爲冰冷的水，誰記得誰被凍僵凍斃？小順子、金花、天福、二狗子……這麼些親切而又陌生的名字，你又能數出幾個來？

就是那大寒的一年，拎了小小的包袱離家，奔青島轉濟南，來到了故都北平。

「你多大歲數？」

「十八。」

「來幹什麼的？」

「當兵。」

「唸過書沒有？」

「唸過。」

「什麼程度？」

「高中唸了一年。」

「你那兒人哪？」

「山東萊陽。」

「你爹娘呢？」

「在家。」
「他們願意嗎?」
「是我爹叫我來的。」
「好,把這些表塡一塡,明天來考試。」
「還要考試啊?」
「當然要考,你知道這是什麼部隊嗎?本來照規定,你的年齡不合格,不過你長得高,又從山東來,勉強准你參加考試。」
「謝謝,謝謝您。」
就這麼穿上了二尺半,聽說自己考得還眞不賴,本來嘛,自己並不是一個笨人。
你是怎麼出來當兵的?在異國的兄弟,你該不會是在家裡沒吃沒喝吧?湖南是個好地方,你是個好人,還記得在內湖的時候,你怎麼勸告嗎?兄弟,謝謝你。
「詩是見證。」
你說。是的,兄弟,詩是見證,但願你在西貢多寫些,爲這場戰爭留上記錄,留給後代的人們,一個血的告戒!而現在你也該入睡,莫要望鄉,那是苦澀的,你該已經驗過;不是嗎,那年你還是單身漢的時候,在金門的太武山巔,在古寧頭的沙灘上,難道你不曾望得泣血?

石室之死亡，究竟象徵了什麼，暗示了什麼？巨石是火種，死亡的只是塵土。莫要望鄉，在西貢，願你安穩的入睡，願你有甜甜蜜蜜的夢，夢見你妻你女你子那可親可愛的臉。

都睡吧，包括你這圓臉的漢子，朋友們給了你一個最美的綽號——音樂，你在夢中哼著什麼呢？蕭邦的，還是舒伯特的？要不，是杜步西的？對啦，你哼的是結婚進行曲，莊重的旋律，而後是輕快的節奏。

還留著那雙尖頭皮鞋嗎？一點小意思，不必常掛在心上。你想，做新郎，將要跨出人生又一階段的第一步，穿著一雙新鞋子，是否有一種新鮮的感覺？在紅毯的一端到另一端，這是一次奇妙的過渡，你走得那麼穩那麼飄逸，就像你所寫的詩。

如今你怎麼不寫了呢？難道你已把那些詩句，溶入早起那一杯鮮奶中，只讓你妻與你自己享受？

睡吧，圓臉漢子，明天或會是暖暖的小陽春，那麼，請記得把那雙鞋子，拿到陽台上晒晒太陽。

又怎麼啦？渴？難道眞不能戒絕？

「戒酒？」

「是啊，我是代表你所有的朋友，向你要求。」

「有這麼嚴重嗎?」

「你認為呢?」

「我不明白，這居然如此嚴重。」

「你總該為自己的身體著想。」

「算啦，一付臭皮囊，值得什麼?」

何必呢?何苦呢?

「是啊，只有酒才使我清醒!」

酒，來一瓶紅標米酒吧，阿茂。

「好吧，既然只有酒才使你清醒，我也沒有話說。」

本來這就是廢話!酒有什麼不好，你們全怪罪它?難道你們不知道公賣局一年的營收，不知道愛喝酒的人才是標準國民?不不，不能說標準，這字眼太神聖。

而你，圓臉漢子，這是你不了解的，所謂酒，無非是肯定之必要;肯定一個人還未曾死透。

就如同你有溫柔之必要，散步之必要，盤尼西林之必要，以及微笑之必要。

睡吧，長夜漫漫哪!人有睡覺之必要。

只是酒醒在杯中，醒在瓶中，醒在罈中，酒之潮汐洶湧兮，人生當歌。

啊年代
你將怎的
年代喲
怎的你將
東風只能傳播點花粉
西風也只能摧落一些殘絮敗葉
而我們原是土壤和水分
是根也是果

請展以晴朗和笑靨
老天　展以龍鳳的祥和
雖然我不是你的兒子
「這也是歌嗎？」
「你認爲是什麼？」
「太冷澀了。」
「它本來就不動聽。」

「歌名叫什麼？」

「人生！」

「你的人生？還是大家的？」

「我的，我的人生是一首死不透的歌。」

「這有點離譜——」

「你是說荒謬？」

「可以這麼說。」

「你難道不覺得這個世界患著一種病？」

「什麼病？」

「荒謬！」

「我只覺得你想得太遠了，也太偏了。」

「那麼你活得很快樂？」

「有快樂也有苦惱，我活著的原則是，盡其在我！」

「你在說教？」

「我沒有這個意思，這只是我的表白。」

「你走吧。」

「大哥——」

「走吧！」

「爲什麼我們不一同走呢？」

「那條路上太擁擠了。」

就這麼絕，一臉青春痘的老弟悵然而去。

唉！好好的唱著，幹嗎又想起這些？老弟此刻正夢著未來的新娘，他們的大喜之日快到了吧？該不該去喝喜酒呢？這老弟，前一陣子也夠他受的，嚴重的肺結核，鮮血一碗碗的吐，眞虧他硬是拒絕住醫院，在林口那間瓦屋裡，挨著那日子。如今他竟然又吸香煙了，他是怎麼戰勝了病魔的？那些日子他是如何地呻吟，他流淚了嗎？

怎麼啦，竟止不住淚流滿頰，爲什麼哭呢？

流吧，淚水，把自己從今夜過渡到明天，沖走那死的感覺，讓脆亮的聲音從梗塞著哀傷的喉頭發出：

「我，只是匍匐，還不曾倒下！」

二

電話鈴又一次響起。

已響過九次了，都不是小惠打來的。心跳著，小辛拿起話筒：

「喂，」聲音是急切的：「找誰？」

「就找你！」

話筒那邊傳來不悅的女聲。

「找我？」小辛的心燒熱起來：「妳是小惠？」

「你是怎麼回事？」聲音中找不到往常那般帶著某種果汁的甜味，顯然生了很大的氣：「害我等了半天！」

「我——」緊張著徒然做著手勢：「我在值日呀，走不開。」

一面心想，該怎麼把話說得更周全。

對方不說話，也許是在思索，該怎麼給這方一個懲罰，也許這就是一種懲罰。總之，這方更緊張不安了。

「小惠，喂，小惠，」聲音顫動：「小惠，妳怎麼不說話？」

目的達到，不悅的女聲遂又傳來：

「你爲什麼不早說？」

「不是我不說，」小辛連忙解釋：「今天不輪我值日，我是給臨時抓差，所以來不及告訴妳。」

「你不會打電話給小琪，要她轉告一聲嗎？」

聲音雖然柔和一些，但那臉上不悅的神情，小辛是可以想像的，他有點失措的說：

「是啊——」

「什麼是啊？」對方責問著。

「不不，」簡直是在告饒，小辛結巴著說：「小惠，你聽我說，我我——我一直在想，該怎麼辦，怎麼通知妳，就就，就是想不起打電話給小琪——」

「好了，不要叫舅舅了，你說，什麼時候去看你那位大哥？」

「明天——」

「明天不行。」

「星期六下午？」

對方想了一想。

「好吧，二點半我在學校門口等你。」

掛落話筒，心事已了，小辛大大地鬆了一口氣。說來眞是走運，小惠的性情竟這麼柔和，自從相識以來，總是百般的牽就，不！不應說牽就，應說是適應。而自己呢？老實說，自己有點配不上。人家是國立大學音樂系的高材生，自己只不過唸了一年初中，雖然塗塗寫寫，在圈子裏混來小小名氣，可是這算什麼？再說自己的身份，兵頭官尾的准尉，在這個性質特殊的單位，既非研究員，亦非助理研究員，連個職務的名銜都沒有。

想著這些，心中的興奮一掃而空，那份長期的惶恐，便又佔據他的身心，他的臉上遂又塗抹了一層冰霜。

又是電話鈴響，第十一次了。

「季上尉在不在？」

「不在！」

「他什麼時候回來？」

「我怎麼知道！」

用力放落話筒，管他季上尉明天會不會臉紅脖子粗，小辛猛的一拳揮出，捶落在墊著玻璃板的辦公桌面。

「他媽的！」

也不知罵誰，三字經出口，小辛像漏氣的皮球，癱坐在「吱格」作響的籐椅上。

辦公桌上一片凌亂，如果在平常日子，同事們不會相信，這會是一向安份守己，一切都料理得妥當穩貼，每個字寫得一筆不苟的辛編輯的辦公桌。而這一時刻的事實卻是：桌面上堆滿稿紙、參考資料、晚報、日記簿、翻在第十二與十三頁的「麥田捕手」，以及一包花生米、一碟豆腐干、一瓶小高粱、一杯釅釅的茶，外加一具電話。

這一切把桌面上的玻璃板遮罩起來，以至夾在玻璃板下那用紅墨水所寫的字，也發生不了作用啦。

「要忍受寂寞，在孤獨狀態下，勇毅地鍥入生活，去發現事物眞象！」

墨水已經褪色，證明這幾個字寫在多年以前，究竟是什麼時候，小辛已不再追索。他現在只覺得窩囊，好不容易約好小惠要去看望大哥，卻被派頂替值日，不知組長存的是什麼心？是不是自己階級低，資格嫩？還是自己一副老實相，好說話？在下班前，組長明明看到自己換衣服，擦皮鞋，爲什麼不早指派，偏偏要拖到下班出門時才說：

「小辛，幫個忙，今晚上你守在辦公室。」

幫個忙？說得多好聽？根本是存心整人嘛！可是，怨歸怨，組長總是組長，何況，他還是個大老好。不是嗎？組長愛才，若不是他看上自己會寫幾行詩幾篇小小文章，他會費那番功夫心血，把自己從野戰部隊調到林口，又從林口調到吉林路這個特殊的單位來嗎？

這麼一想，還怨什麼呢？再說，組長臨走時還加上這麼一句：

「我櫃子還有瓶酒，晚上喝吧。」

酒還沒開蓋，小辛不善獨酌，組長自以爲對小辛瞭解甚深，這方面卻沒拿準。至於酒，當三五好友在一塊兒喝的時候，小辛的量還算不小。他是屬於一喝就上臉的那一型，組長也是，這也許是組長對小辛特加關照的原因之一。小辛記得，在林口時，組長、自己、娃娃臉，還有號稱「毒公」的張甸，在取名「同溫層」的那間月租四十元的小樓房中，總是酒香四溢的。有一次過年，年後組長與張甸就要赴馬祖，那頓年夜飯吃得慘慘然，豪邁的張甸雖然唱起楊州小調企圖破解房中的陰森森氣氛，娃娃臉的臉上卻失去了娃娃氣，小辛喝得臉通紅，手掌心也紅裏帶紫，散著酒氣，悶坐在靠窗的一角。邀來的朋友眼看主人們如此「表態」，也一個個神情凝重，這時候，組長卻酒醒過來，使勁的拍著手掌：

「好，張甸，再來一段蘇州小調吧！」他大聲叫著：「張甸唱完輪到小辛唱，小辛的『李大嗎』最拿手。」

組長官階高，又是「老大」，他這一陣吆喝發生了作用。而一說唱些什麼，小辛的勁頭上來，什麼煩惱也飛得遠遠。

組長，不！老大就有這能耐，他是個樂天派，很少事情能把他難倒，當然他也有心事，譬如說，娶妻與傳宗接代，軍服上的梅開二度，甚至三度。小辛對老大幾乎有些崇拜，雖然老大五短身材，相貌不怎麼樣，可是，老大的才思與幹勁，在小辛心目中，已成爲一種範式。論出身，老大不過是湖南的一戶農家子弟，論學歷，唸的是簡易師範，穿上軍服後，也不過進了一次幹訓班，算不得正規。可是，老大肯學肯下功夫，如今能在一家大報當編輯，贏來「快手」之稱，這不是僥倖所得。

小辛不怨組長了，現在的問題是，要不要把酒開蓋？剛才——大約是四十分鐘前，在接聽第五通電話之後，小辛已決定喝一杯，他從抽屜裏取出花生米（小辛吃花生米吃上了癮），又到廚房找來晚飯吃剩的一小碟豆腐干，正準備打開瓶蓋，電話鈴又響起。

「辛×嗎？」是張甸打來的。

「是啊，」回答得好勉強，心想，你張甸明知道辦公室裏只有誰在，還問什麼？

「我是張甸。」

又是多此一說。

「怎樣？」冷冷的詢問。

「我在沙公館，晚上回不來，明天代我向老大告半天假。」

「向老大請假？」

這也是多此一問。

「意思意意嘛。」對方的聲音有些含混。

電話掛斷了，小辛在想，又何必意思意思呢？反正在這個特殊單位的這個組裏，從組長到編輯，就那麼五個人，彼此之間早就心照不宣了。至於張甸在沙公館跟那幾位仁兄築那方城，更是無須追問了。

張旬的一通電話，使小辛忘了喝酒這回事。有些渾噩，也有些特殊的感覺，他拿著酒瓶，想起張旬。

當然張旬寫詩，不然怎會這般親熱？這個人圓臉大耳，一派帝王之相，卻總是神氣不起來。幹過放牛的，幹過油坊的學徒，據說還端過茶壺提過尿壺，人不比七九步槍高，卻曾是一名小小游擊隊員，後來升格幹文書，這師爺的位子坐不慣，又去當運輸兵，「嗨喲嗨喲」的挑那百斤重擔，在江淮一帶，亦曾逛這逛那，風光一番。他也開過小吉普與十輪大卡，擦過大口徑的要塞砲，說來眞是經驗豐富，人生的甜酸苦辣嚐了不少。

如今張旬已官拜中尉，距離那槓上開花，已不太遠。不過張旬似乎並不圖這個，他想得到些什麼，小辛不清楚，也很使小辛困惑。小辛自己也不圖級級上升，但是在寫作那條路上，他有那麼一點小小企圖。這是條曲折的路，就現實意義來說，沒什麼豐祿厚利，相反的，有時還得從微薄的薪餉袋中抽出幾張來，爲了讓別人看到自己邁出的淺淺腳印。

想到自掏腰包辦詩刊，小辛很洩氣，這大概也是張旬對它漸漸不感興趣的緣故吧？詩，自從那位身高體型像極檳榔樹的前輩詩人，發起什麼「現代派」以來，到如今還落人話柄。它眞是「胡亂塗鴉」、「一片幻言夢囈」嗎？不！小辛對這些評斷一直是不以爲然的，他懂得並不多，但他知道只有不斷的寫、寫、寫，才能夠慢慢讓人改觀。

張甸是不是眞的洩氣，小辛不清楚，不過，從行動上可以看出，他暫時不會再寫。小辛很想說動張甸，卻口拙詞窮，一直把心意擱在心底。有一回，一起到內湖，在綽號「音樂」的朋友家大吃大喝一頓後，也不知什麼人開的頭，談起張甸的詩，小辛酒後吐眞言，說了一句：

「放開一點。」

張甸火大了，回程車上繃著臉，一聲也不吭。小辛心想，這話有那麼嚴重嗎？自尊也未免過份。事實證明，那一夜張甸在床上翻來覆去睡不著，他把小辛的話看得很嚴重。然而，時隔三天，氣消了，大度量的張甸又跟小辛聊起蘇州城的翠雲來。

畢竟是難得交上的朋友，天南地北，有緣相聚，何況又把寫詩看得那麼「神」。該爲這喝一杯酒，電話鈴卻已響起，是第七通。

「我找劉中校。」

口氣眞大，會是何方神聖？給他一點甜的，讓他過過癮，小辛作狹的想，隨即莊重的說：

「報告長官，劉中校回家了。」

放下話筒，小辛覺得好笑。接著是第八通，組長從報社打來的，好傢伙，還來查勤。這不是不信任人嗎？

小辛有點不悅，決定打開瓶蓋。

「鈴鈴……」

「他媽的！」

拿起話筒，只聞「嗡嗡嗡」。不是電話，是門鈴，會是誰呢？如果是林班長，那就太好了，請他代爲看守辦公室，還來得及趕到小惠那兒。不對啊，林班長有鑰匙，撳什麼門鈴？

這一頭涼水澆得兩腿發軟。

「鈴鈴鈴……」

門外人卻在催促。

「來啦，別撳個沒完。」

打開門，是「綠衣天使」，送來了限時掛號。

「要蓋章？好，我去拿章。」

在行政官的桌上找了好一陣，才找到公家圖章，倒像是喝得差不多了。

看著郵差先的單車轉過牆角，小辛吸了一口初夏晚上還帶點涼意的空氣。舉目四望，前面與左側都是一片漆黑，右側有幾星燈光。辦公室雖在城裏，周圍卻還待開發，尤其是屋前那片空地，還種著蔬菜，施肥時，風帶來一股臭氣，眞叫人難堪。此刻蛙鳴稀落，小辛也無心聽那總是一個調子的清唱。他舉起雙手把手掌當作毛巾或手帕那樣在臉上擦了又擦，彷彿清醒了一些，睜大眼再往前看，越過那片菜地，看見遠處的燈光。

「那幢房子蓋得眞快。」

自言自語著，想起一個多月前，那位韓國友人來看他，兩人曾邊走邊談的到過那房子的所在地。那時候房子還只蓋到二樓，滿地的建材，兩人談著談著，談到了房子的事。

「買房子談何容易？」

「這是遲早的事，」韓國友人慢條斯理的說：「你總要成家啊！你看，小和尚不是已經成了家嗎？他也有了房子，一切都安定下來，就可以安心做學問。」

「我沒有小和尚的機運——」

「這不對，不能說是機運，」從聲音裏可以察覺，韓國友人一臉的認眞：「小和尚要不是眞有一套，那位小姐會愛上他，嫁給他嗎？」

「我不行——」

「不要妄自菲薄！辛×，我很瞭解你，從你在林口養病，堅決不住醫院，我就知道你內心剛強，你不求別人求自己，但總得求下去啊！」

這是一番肺腑之言，眞虧他坦白相告。小辛想，這些日子來，自己的確有些怠忽，幹什麼都不起勁，一上了牌桌、食桌卻精神十足。老許怎麼會知道呢？是小和尚告訴他的嗎？小辛又想起那晚的情景。

「看遠一點，」韓國友人——老許——繼續說：「你還要在社會上立足，整個社會才是你奮鬥的場合。你現在懶懶散散，有就寫，沒有就不寫，這會使你的筆生鏽。不要管有多少讀者，堅定的寫下去，總有一天你會被大家發現。」

「老許——」

「我知道你的幾個理由，」老許越說越有勁，聲音也提高了：「第一、你會說，離鄉背井，國家的情況，第二、你會說，學問上沒有基礎，第三、你會說，到了社會上，什麼也沒有，爲了生活，還談什麼理想的追求。這三點其實不成理由，問題都在自己，看你能不能堅持理想，能不能忍受理想追求過程中，種種打擊。辛×，對你們中國詩人來說，我是局外人，而且，我到這個地方來，爲的是印證我的一個看法，印證我對中國古典文學，尤其是對古典詩的愛好的選擇，究竟對不對？說起來，你與小和尚、歪公、鄭文這幾個我最要好的朋友，都寫新詩、現代詩，跟我的愛好還有點格格不入。這不矛盾嗎？我應該多結交幾位舊詩人才對。但是我不認爲矛盾。也許局外人比較看得清楚，中國的詩，一脈相承，血肉相連，只是形式上不同，精神是一貫的。所以我喜歡你們，我覺得在你們中間，將會產生今日的李白杜甫，幾百年後你們的作品將被千萬人傳誦！」

小辛深深地受到感動，卻不知怎麼回話。老許是性情中人，他的「預言」架高了現代詩人的位置，小辛如此想，然而，誰又能看到未來呢？

小辛對未來感到渺茫，在他狹窄的生活領域裏，他雖想知道，隔著一座海峽，兩地的中國人究竟會在一種什麼情況發生之後才結合起來？卻苦苦思索得不到明確結論。這幾年來，從野戰部隊到林口，又從林口到吉林路，他幹的是與敵人作戰的工作，這是一次沒有戰場但卻關係重大的作戰，不是短兵相接，不是血肉橫飛。所謂「攻心爲上」「制敵機先」，心理作戰的目標是要瓦解敵人的鬥志，粉碎敵人的戰力於無形。小辛常常想，以自己的能力才識，是不配擔任這項工作。然而，有兩種情形促使他來到這個單位，一是不必諱言的，他厭倦了野戰部隊的規律生活，總是出操上課打野外，苦倒無所謂，最難耐的是無權支配自己的時間，而他總覺得來日不多，一定要爭取時間，讓自己的生命有個自由活動的餘地。他不在乎職務的升遷，這是打從部隊第一次整編以來就決定的，記得那時有位好心的長官，曾三番二次苦口婆心的勸他報考軍校或政工幹校，並且一再提到前途問題，語氣間明白的表示，今後的部隊將逐步走上制度化，幹部的任用資格也要以軍事學校的畢業生爲主，小辛很感謝那位長官，但是沒有接受長官的勸說，他那時已迷上寫詩，尤其在那位異姓大哥的影響下，小辛自以爲是個天生的詩人。由於寫詩，他希望有個安定的環境，退伍不可能，那末，就請調到業務單位；這是促使小辛來到目前工作單位的第二個原因。其實，這兩個原因本屬一體，小辛所求的，無非是一個允許自己寫詩，而且有時間寫詩的工作環境。

如今，願望達到了，但究竟寫詩了沒有，寫了多少，寫得如何？小辛不敢面對這些問題。他痛苦的發現，甚至對詩是什麼，詩與人生、社會的關係如何？都不十分理解。然而，朋友中誰知道小辛懷有內心深刻的惶恐，誰知道小辛的生命竟一片空白呢？平常聚會的時候，他不是也能振振有詞的爲詩的種種問題辯解嗎？不是也能說出一番道理嗎？

未來是渺茫的，對此刻的自己來說，尤其如此。

小辛痛苦的下著結論，抬頭舉目，菜地那邊的燈光熄了，老許的一番話卻微溫著，他很想去找老許，只半小時路程，但不知老許還會不會再給自己打一針強心劑。

電話鈴在響，不知已響了多久？

「怎麼搞的，到現在才接？」

對方官腔十足，不知是什麼人？

「請問你找那位？」

「找你！」

「找我？」有點丈二和尚之感：「請問你是那位？」

「哈哈……」

話筒那邊傳來笑聲，有捉弄人後頗感滿足的意味。

「他媽的，是你這小子。」

習慣性的三字經出口，小辛在想，這小子決不會無緣無故打電話來。

「我有事找你。」

果然，不愧爲曾經幹過軍人，乾脆得很。

「什麼事？」冷冷的問一句，生怕是麻煩事。

「明天晚上請你來吃飯。」

「請我吃飯？」想不到會是這種事，語氣有些驚訝。

「你來不來？」這倒直截了當。

「在那兒？」

「家裏。」掛下電話，又急忙拿起：「喂喂，六點半，你最好早點來，幫忙弄菜。」

這小子也喜歡詩，因爲詩，他與小辛成了朋友。

那還是多年前的事，在金門，八二三砲戰前夕。章山幹的是文書上士，小辛也是，不一個部隊，兩人駐地的距離，約四十分鐘路程。前線的生活單調，友誼最需要，也最寶貴。他們兩人都曾加入「現代派」，「老朋友」——這是一群詩友對高若檳榔樹的前輩詩人的暱稱——義不容辭爲他們引介。小辛記得，那天章山帶著「老朋友」的信，滿頭大汗的來到自己駐地，那瘦瘦高高的身材，樸拙的神情，十分滑稽。

一經交談，發現彼此是同鄉，而且，幾乎有相同的遭遇，友誼的橋便立刻搭上了。

那時章山有很多困擾，患著嚴重的鼻炎，在前線醫療條件不足，他只有使用偏方，每天一早、中午、睡前，分三次用鹽水清洗鼻腔。鼻炎影響他的說話，更苦惱的是，常引起頭部神經隱隱作痛。小辛頗能體會章山的這份痛苦，然而這是無法代為承受的。第一次，前線的文友聚餐，章山興緻上來，一時貪杯，酒後不斷的擤鼻子，眼淚流得滿臉，那份難過的樣子令小辛手忙腳亂，卻幫不上忙。

然而章山忍受著，對他來說，鼻炎不算什麼。章山心中的最大困擾，是生命價值的尋求，他年輕，他不願自己的生命受制在一種格式中。

「難道我們就這樣挨下去？」

在給小辛的信中，章山曾這樣發問；問小辛也問自己。小辛瞭解，章山的尋求不是盲目的，人的生命總要向上發展，但是，如何發展呢？那時的小辛沒有能力回答這問題。章山也沒有能力，因此，他的痛苦加深了。

小辛最不能忘記，章山在那年冬天的某一天，心中竟興起自裁的念頭，這太嚴重，他急急趕到章山的駐地。

「你為什麼要這樣想？」他用帶哭的聲音責問章山。

低著頭，冬天的寒流使鼻腔更敏感，章山的痛苦看在小辛眼裏，令小辛覺得，應該把語氣緩和一點：

「這是唯一解決問題的辦法嗎？」站在章山面前，小辛仰著頭說：「自求解脫？想不到你會有這個念頭。」

章山屏息著，儘管竭力抑制，小辛卻仍聽見急促的呼吸聲。他伸手扳動章山的肩頭，低聲說：

「我也不是什麼強者，我對許多問題也看不開，可是，我不做弱者，除非有什麼意外，除非打起仗來，我不會輕易的想到去死。」

章山依然不出聲。

「你的問題，我多少瞭解一點。」

如果說，前面這番話，是動之以理，而不生效，那末，此刻說的，動之以情，也許會發生作用，小辛這樣想著，便說：

「要爲你的外婆想一想，她老人家——」

「不要再說了！」

章山終於開口，聲音尖銳，聲音裏含著複雜的情感。

小辛眼眶發熱，抱住章山的肩頭，激動的說：

「好兄弟，不要再這麼想，也不要覺得委屈，這不是認命的問題，我們的日子還長得很。我知道的不比你多，不過我相信，情形會改變的，不僅是我們個人改變，整個情形都會改變。」

後來章山終於改變了。從前線調回後方，章山住進醫院，又考取了師資訓練班，他選擇了自己的道路。如今章山已經是小學老師，還憑毅力考上大學夜間部。小辛去過辛山任教的學校，在偏僻的北部海邊，是一個分部，規模很小。那天夜裏他們在海邊漫步，海潮洶湧，風聲嗖嗖，那是一個宜於沉思考驗耐力的地方。章山透露了戀愛的事，對小辛來說，這是陌生而又新鮮的事。也不知是否因爲那位小姐在唸大學，章山發誓也要進大學之門。對章山的決定，小辛沒表示意見，他耽心章山的身體，以及一旦考取大學，工作上如何兼顧。

但是章山心裏早有安排，他考取一所大學的西班牙文系，不久轉讀新聞系，跟著便是辦喜事。

那還是一年之前的事，婚禮在豪華的大飯店舉行。小辛被派爲婚禮中的招待員，看著一對新人在親友的擁簇下進入禮堂，不知爲什麼，他竟有茫然之感。

也許是爲了自己正在病中吧？也許是爲了自己正在「失戀」中，所謂「屋漏偏逢連夜雨」，小辛的自憐不是沒有原因的。然而，病是事實，他曾大口大口的咯血，失戀卻未必。那能算是戀愛嗎？一廂情願，從不曾在對方的來信中讀到任何一感情用字，卻在寄去的信中滿紙愛呀愛的，太不自量力了！

小辛不會忘記，那女子還是章山介紹的。章山，你爲什麼要請吃飯？想到章山，想到那婚禮，想到那段可笑的所謂戀愛，小辛心慌了。前前後後的九通電話不是他期盼中的人打來的，怎麼回事，難道她還不曾到那約會的地點去？或是她已經去過看見自己不在一氣之下回家啦？小辛很焦急，但是焦急有什麼用，組長的臨時交差也是命令啊！軍令如山，觸犯不得。

他只有捺下性子等電話。他瞭解小惠，他也瞭解小惠多少對自己已有幾分瞭解，這彼此的瞭解是建立在半年多相處的行爲表現上。基於瞭解，小辛相信小惠一定會打電話過來，只要這通電話，他就可以向她解釋爲什麼爽約，並得到她的原諒。

這不是一廂情願，小惠實在是個好女孩，這要感謝小琪，她們是小學同學。當初小琪介紹時，小辛還曾猶豫過；不是矯情，是膽怯。

他曾把這種情況向章山表露，章山不給他正面鼓勵，只問：

「你怕什麼？」

怕？怎麼不怕呢？瘦骨一把，只四十九公斤體重，臉上只見濃濃眉毛，眉毛下一雙大而失神的眼睛；他剛剛病癒。

這是一場大病：重型肺結核。在廣州街總醫院檢查時，醫師看了透視片子猛搖頭。

「你不要命了，到今天才來！」

小辛渾然不知情況的嚴重，也從沒有異樣的感覺，要不是那場排球友誼賽，第三局時突然喉頭發癢，咯出血來，這病源恐怕還會隱潛在體內。

「要趕快住院，你回部隊去辦手續。」

醫院的宣判恍似晴天霹靂，小辛這才發覺事態的嚴重。那天到總院檢查，他曾請來娃娃臉作陪，但在這情形下，又能對娃娃臉說什麼呢？

忍著淚回林口，一路上茫然無措。回到部隊，同伴們關切的問話都沒聽清楚，卻不得不裝著笑臉。晚餐後，小辛走到那片茶樹林，他常去那兒，茶樹碧綠一片，一個人的青春也該如此，而如今……

他忽然想起家來，多少年的規避，如今——，母親不就是肺病咯血，在抗戰勝利前夕，一病不起嗎？還有大姐，還有離家時正在病中的幼妹。他不敢再想了，這都是事實啊！

「趕快住院！」醫師的宣判。

「趕快辦手續！」醫師的命令。

這「趕快」兩字含有多少深意？醫師是救人的，能不聽嗎？

小辛流淚了，從上午壓制到傍晚，他要痛哭一場。

然而流淚有什麼用，哭給誰聽，天嗎，地嗎，茶林嗎，還是哀悼自己？殘燭仍在燃亮，生命還未曾熄火，活下去是自己神聖的權利！

他擦乾了眼淚，那晚上，他爲自己安排了生命日程：

「期限：一年。

工作：寫詩、小說、廣播稿。

生活：自炊自食。（每天二杯牛奶、四個蛋、四兩肉、少許青菜）

醫療：定時服藥（力排肺疾）、打針（鈣精及複合維他命）

附：不放棄與朋友相聚機會，但，不令人厭惡，不傳播病菌。」

雖然如此，要說服部隊長准予不住院而自行療養，恐怕不容易；小辛決定向隊長跪求。誰知道這位長官竟在那份報告上批可，還召見小辛，溫和的給予祝福。

他在部隊附近租了一間民房，二坪大小，放得下一張單人床，一張書桌。安頓就緒後，開始有序的奉行「生命日程」。他覺得很自在，血已經不吐了，體力似乎也好一點。天氣已經入冬，林口台地的雜木地，有時常給人蕭疏之感，倒不是落葉紛紛，而是那風聲帶來的陰沉氣氛。

但是這沒有影響小辛，他反而覺得心情開朗。很奇怪的一種感覺，你走在或站在雜木林中，常以爲自己是一匹豹。雜木林前的一片開闊地界，並不能說是曠野，它伸展得並不遠，而且地面坡度甚大，跟在華北所見的完全不同。爲什麼以爲自己是一匹豹？也許是體會到自己的生命，從未這般自由自在過？

一匹
豹　在曠野之極
蹲著
不知爲什麼
許多花　香
許多樹　綠
蒼穹開放
涵容一切
這曾嘯過
　掠食過的
豹　不知什麼是香著的花
或什麼是綠著的樹

不知爲什麼的
蹲著　一匹豹
　　蒼穹默默
　　花樹寂寂
曠野
消　失

這眞是難以抑制的喜悅，他笑了，多年以後從未如此暢心，是什麼力量導致自己如此？

他寫下這樣的詩。

這暗喻什麼？又象徵什麼？是對自己生命的肯定嗎？小辛沒有往下追索，也許要留待中年以後，或晚年以後。

病體漸有起色，有一天，不知是一個什麼念頭，他到街上買了一口缸，放置在後門口，他決定每天在注滿冷水的缸裏浸泡二十分鐘。

他想，這或能喚醒沉睡在體內的生命野性，就像曠野中的豹一樣，那多好啊！

他眞的這樣做了，開始是澈骨的冷，慢慢的在水中似有千隻萬隻溫柔的小手，撫擦著自己的肉體，那種感覺是無法描述的。於是，躍出水缸，通體有熱流湧動，這生命的感受，多麼微妙！

開了春，小辛覺得自己擁有的時光，從未如此美好。他決定到醫院複檢，作過X光透視，在候診等候，他的心跳加速。已八個月另七天了，應該有實際的治療效果。

醫師一再的搖頭，把前後兩個階級的透視片看了又看，才用一種奇怪的口氣詢問：

「你吃的是什麼藥？」

小辛據實以告，醫師仍搖著頭：

「難以令人相信。」自言自語後，又說：「繼續吃藥，把藥量減少，食物注重營養。」

這表示小辛的自行醫療已見效。

回到林口，他給在馬祖的異姓大哥寫了信：

「……請不要再爲我耽心，您自己要多保重。聽說你常常喝酒，不錯，馬祖的酒夠味，尤其是老酒，頗有我家鄉紹興酒的味道，但是，請在量的方面節制。

您常常告訴我，要自己掌握自己生命的運行，我在努力試著這樣做，然則您呢？

這些日子，讀您的『永恆的腳印』，常覺得您就在身旁。還記得在沙鹿時，您讀了我第一首詩，在苗老師——您的老戰友——家中，曾怎麼給我鼓勵嗎？您親切的叫我『小鬼』，您說：『人小鬼大』。後來，作品發表在『野風』半月刊，您從營部把寄來的刊物拿到沙鹿戲院——我在那兒服行軍紀巡察勤務，那份興奮的神情令我至今難忘。當時您說：『好好留著這本書』，如今我卻把它丟失了。又一次在烏日營房，我的那首『頭髮』的詩，您很不滿意，曾說：『這是浪費稿紙』，但是，當我把另一首自以爲不能見人的詩拿給您看，您卻大聲說好。大哥，這些往事也許您已不屑一顧，我卻永遠牢記。

最難忘的，是在金門，我犯了錯關禁閉，您老遠趕來看我，送來一隻滷雞腿。隔著門，在小小的窗口，相望而無言，但我知道您有太多話要說。處分我的那位老廣長官也是您舊日的長官，所以您臨走時說：『這是您自己犯錯』，話中的意思我明白，我怎會記恨呢？

大哥，我還是那句話，這也是您以前說過的：

『自己掌握自己生命的運行！』

祝福您，也請爲我祝福。」

大哥沒有回信，有一天卻突然來到林口。

「你怎麼瘦成這樣？」

還沒有放下手提的一簞雞蛋，大哥以一種關切而又混和著不可置信的口吻說。那臉上的神情，小辛難忘。

可是，這之後，他們僅祇見過一次面，大哥很不甘心的接受了退伍令，不久後，小辛也調離林口，調來此地。

小辛摸著瘦削的臉，苦苦思索，這幾年來，大哥的落魄潦倒，究竟該怎麼解釋呢？章山問自己：「你怕什麼？」現在想來，倒不是瘦骨一把，何況，小惠是這麼善良。小辛突然想起了異姓大哥，在一次醉後嘔吐，當爲他擦拭嘴角時，他竟猛的張嘴，緊咬住小辛的大姆指。

大哥在恨什麼？爲什麼有恨？小辛駭怕起來。

電話鈴響，第十次。這一定是小惠打來的，除了解釋，還要告訴小惠，一定要去看望大哥。

小辛伸出微顫的手，拿起話筒。

三

桌上有酒。

從小辛的滿臉通紅，一連打著呵欠，可以看出這頓飯已經吃了很久，倒不是不善飲，小辛是杯酒就上臉的那型，而坐在他對面的呂牧則屬於另一型，越喝臉越白，到了某種程度，甚至帶些菜青色。

話題從很久前在霄裏營房的一些生活片段談到金門時期的種種遭遇見聞，後來又轉回最近這段日子一不怎麼輝煌的經歷；小辛始終說少聽多，偶爾作些補充，卻不是很熱衷的。

這次相聚是在小辛帶小惠去看望呂牧之後，小辛接到退伍令的第三天，小辛的意思，是希望作爲大哥的呂牧，對他離開軍隊進入社會指點一番，畢竟呂牧比他早退三年，社會經驗豐富得多，何況，呂牧是小辛心目中最親的人。

來到這家「北方小吃館」是呂牧挑選的，據說老闆的紅燒魚手藝高明，一條魚做得一邊焦黃，一邊鮮白，所謂老嫩兩吃，小辛對吃很有一套，而且常常自己弄些小菜，在他那個單位，還稱得上是「江浙名廚」。但是，他對今天的鯉魚老嫩兩吃，並不覺得對口，這不是老闆手藝不好，主因在於喝下第一口酒，呂牧就談起不相干的事。

「小鬼！」不是託大，而是親暱的表示：「還記得霄裏吧？有一次喝當歸酒，你醉成那個樣子，說什麼想家想外婆，現在還想不想？」

這問題太嚴肅了。能說不想嗎？但是說想，又有何用？心中的負荷能減輕嗎？小辛只有用沉默避開這問題。

對於小辛臉色的冷漠，呂牧似乎已司空見慣，這不僅是呂牧，連娃娃臉、歪嘴、章山等朋友，也都大度的容忍了，這個特殊的表情，對小辛來說，往往是不自覺的，也許生來如此，所以，在得到「冷公」這個綽號後，他也很自然接受了。

呂牧並不知道這個時候小辛臉色的冷漠，是有意的，在喝下第二口酒後，繼續前面的話題：

「那天你哭得好傷心，弄得我手足失措，最後，只好陪你哭一場。」

這是事實，小辛一直記在心裏，要說人生追求幸福，小辛認爲，這應是他所追求到的幸福之一，而友愛的表達方式，能夠到達這種境界，小辛對於人生與人性的體證，也因此拓寬加深。

但是，這不是今天的話題。

小辛依然沉默，臉色冷漠，然而酒精發生了作用，他看到手心紅了起來，這是一個奇妙的訊號，他的臉隨即燥熱起來，那天生的冷漠，漸被酒氣取代，這時候，他給人的印象，已是一個十分熱情的人。

呂牧對小辛的瞭解，也包括這方面，他知道，藉著酒精作用，小辛的表達慾望會漸漸升高，這能說是小辛性格中的弱點嗎？呂牧不曾深究過，不過，這倒是心理學家的一個研究題材。

極自然的，呂牧抓住這一點，把話題稍一轉變，終於引出小辛「癮頭」。

「你不能這麼說，」小辛一開始就保護自己：「我決不是自卑，有什麼好自卑的？我是襪子太臭，不願意脫掉鞋子。」

「你是說穿著臭襪子進別人家，不很禮貌？」呂牧話中有挑戰的意味。

「倒不是禮貌不禮貌的問題，我總覺得進門脫鞋，跟我往常的習慣有那麼一點不相容的地方——」

「這是另一回事，」呂牧說：「客隨主便這句老話你總懂吧？人家主人的習慣如此，你在門口別別扭扭的，在我看來，總有點失禮。」

「你是說，牽就別人的習慣，表示知禮？」小辛開始反擊：「那末，如果是壞習慣呢？」

「不要扯得那麼遠，」呂牧長于見好就收，他覺得已經引發了小辛的表達慾，目的已達，該是轉換話題的時候：「來，喝一大口。」

他們喝的是紅露酒，很普通很廉價的一種，點的是紅燒魚、醬爆肉和家常豆腐三道菜，算是很奢華的一餐，小辛只淺酌一口，放下酒杯，夾了一塊豆腐，邊嚼邊說：

「這是自尊問題——」

「什麼自尊？」呂牧搶著說：「臭，你的話眞臭！我問你，你有多少尊嚴？幾斤幾兩？」

顯然對「自尊」這個字眼極爲反感，呂牧的臉上泛起一片紅色，雖然瞬息即逝，小辛卻已知道，對方有些冒火；如果不及時撲熄這團火，這頓飯將會倒胃。

拿起酒杯，小辛用一種自嘲的口吻說：

「就像這半杯酒一樣。」

說著，俯首就杯，再一仰脖子，喝下半杯酒，又說：

「它現在沒有份量了。」

這是很悲哀的，小辛對這位異性大哥，自從那次咬指頭的事件發生以後，一直在某些方面採取順從的姿態。爲什麼要如此呢？小辛痛苦的探究，他覺得自己是能夠較深的瞭解與體察呂牧近年來心情突變的人，如果說呂牧曾有過一種理想，而且亦曾爲理想的追尋有所付出，小辛自信也能夠體會呂牧在這一過程中遭逢的曲曲折折。然而，小辛並不能夠給予呂牧什麼，同情是無用的，安慰也無濟於事，人與人之間生命的障礙，在外力的牽制下，小辛無力跳越，那末，爲了呂牧心中的那個「結」，不要再越纏越緊，小辛覺得，採取順從的姿態，也許有用。

事實上，呂牧的悲哀更深，也看得出小辛對自己的姿式，是怎麼擺，擺在什麼方位上，但是他接受了這些。這何嘗不能視爲友愛的表達方式？小辛還能夠給自己什麼呢？

在現實上，小辛的境況、條件，除了年輕幾歲，很多方面還不及自己，而所謂意志力，在這個遼闊的人生戰場上小辛未必有自己的韌性，這樣一衡量，還向小辛要求什麼呢？彼此冷目對冷目，有一種陰沉之感。

「喝酒！」

呂牧的這一聲，擊破僵局；畢竟，呂牧有他的一套。小辛爲呂牧斟滿一杯，也爲自己斟滿，仰脖一口喝盡，酒味苦澀。呂牧舉筷夾菜，他對魚特別鍾愛，挑著魚刺，用鼓勵的口氣說：

「嚐嚐，這種魚越帶土味，越帶勁。」

「不會是移情作用吧？」

小辛突然來上這麼一句。

「什麼作用？」

停筷驚問，呂牧心想，這小子，卻攻我不備。

「想家。」

「不談這些，」被擊中了，不得不用慣性的手法：「無聊！我們談談金門。」

小辛想，談什麼金門，該談談正題才是，隨即說：

「還是談談我退伍的事吧。」

「這有什麼好談，」呂牧不以爲然，心中卻想，談這個問題，你找錯了人。不過，總不能把自己看得如此不濟，在小辛面前，這大哥的地位不能下降：「你自己有什麼打算？」

試探性的問話，敏感的小辛立刻會意，他有些失望，但不表示出來。

「我想搞出版社。」

小辛淡漠的說，聲調中的暗示性，呂牧一聽便知：這意是意，這個話題「到此爲止」。

「也好。」

呂牧的聲調更低沉。

又是冷目相對。小辛不期望想到先前那個「臭襪子」的話題，心中有著說不上來的傷感。

那是十三年前，在霄裏營房，以中尉附員身份在補科承辦一些次要業務的呂牧，與作戰訓練科的上士文書小辛，約好到台北拜訪一位在銀行界服務的詩人。說來他們的相識應屬緣份，天南地北的，若非戰爭若非嚴重的挫折，來到這個島上，怎麼會見到面？更若非爲了挫敗後的心情需要撫慰，而愛上詩並開始寫詩，他們也不會相識。所以，誠如高若檳榔樹的前輩詩人說：

「我們感謝繆思，讓我們在此地相識相聚。」

在銀行界服務的詩人外表溫文儒雅，心地熱情敦厚，給人極大的好感。小辛的父親也曾是上海一家銀行的中級職員，這兩個因素加起來，使小辛願意接近這位朋友。不過，這與他結交娃娃臉、歪嘴、章山等不同，這幾個人年齡相差無幾，身份也類似，可說是「臭味相投」。而銀行界服務的那一位，年長幾歲，身份也較高，在小辛心目中，他是又一位兄長。

呂牧與小辛決定去拜訪銀行界服務的詩人，不是貿然而去，他們在事先經過一番商議。當然沒有帶禮物——寒囊羞澀，而且，也不知道該帶什麼，雖然如此，儀容卻須修飾，更應穿上最挺拔的制服；軍人嘛，要爲團隊的榮譽著想。

這一天是星期假日，車很擠，到了台北已近午時，呂牧很懂得禮貌，總不能一去就叨擾人家一頓午飯，將就著各吃一碗陽春麵吧。那時台北火車站前館前路一帶，違章建築林立，多的是南北各種口味的小吃館，他們選了家北方小館。各來一碗陽春麵？不，既然進了館子，就豪華一番，呂牧作了決定，就招呼伙計：

「切一盤滷菜，來一瓶米酒，兩碗大滷麵。」

小辛有些吃驚，錢呢？他不由地摸摸口袋，心想，這二十元錢是準備買幾本書回去的，好不容易才存起來。呂牧發覺小辛的惶恐疑惑，笑著說：

「不要擔心沒有錢付賬。」

在這方面，小辛常是個受惠者，雖然呂牧毫不在意，但在小辛心中，總是個負擔，因此他時有回報之念。現在，該是回報的時候，小辛想，書留著下次來台北再買吧。斷然作了決定，他說；

「我付！」

「爲什麼？」

呂牧傾身相問。

「我有錢。」

回答得乾脆利爽。

「有多少？」

「二十。」

呂牧不說話了。他不是爲小辛私藏著錢有所不快，他在想，小辛的這筆錢一定有用處，但是，問什麼呢？人都有秘密，都有擁有個人秘密的快樂或悲哀，就讓小辛擁有那份快樂或悲哀的秘密吧。

菜端了上來，兩個人用很快的速度對飲。喝悶酒最易醉人，小辛瞭解這個，但是，他擔心呂牧爲藏錢的事生氣，不知道該怎麼啓口。

不到二十分鐘就喝完一瓶酒，中盤滷菜僅動過三五筷子，呂牧眞的生氣了嗎？

小辛更惶恐了。呂牧這方面呢？他也感惶恐，對自己莫名的失常感到不可解。然而，這又如何向小辛解釋呢？僅僅是二十元錢，多可悲啊！讓心裏梗塞著骨刺石頭，又痛又沉重，人難道就不能擺脫這束縛嗎？

要不要再來一瓶酒？呂牧想著，喝它一個飄飄然，也許束縛就解決了。不！這會加重小辛心頭的負擔。這小鬼，敏感、稚氣未脫，他會怎麼想？

打消了再來一瓶的念頭，呂牧臉上露出了笑意，他舉起筷子，伸向菜盤：

「小鬼，吃菜呀！」

聲音和悅，卻帶些顫動，小辛聽得出來，這裏面含有複雜的意味。再看呂牧臉上的笑意，顯得那麼牽強。爲什麼呢？小辛沒有動筷，只感到惶恐。

這餐對小辛來說，甚是難忘。

賬是呂牧付的。出了館子，才十二點四十分。

「人家在吃午飯，飯後要睡午覺，」呂牧說：「我們三點鐘再去。」

沿館前路前行，他們到了新公園。在一叢樹蔭下就地坐落，通紅著臉的小辛，藉著酒意，壯起膽量問呂牧：

「大哥，你是不是對我不高興？」

這一問令呂牧吃驚，他想了片刻，又疑視小辛一番，緩聲說：

「怎麼會有這個問題？小鬼，這你就不了解我了。」

呂牧掏出香煙，遞一支給小辛：

「在館子裏，」他邊擦火柴邊說：「我有些不對勁，不是生你的氣，是生我自己的氣。」

香煙點燃，猛吸一口，藉吐出煙霧，想了一回，又說：

「不談這些，」他站起身，用手指向人聲喧騰的一方：「我們去那邊看看。」

但是小辛沒有站起，這是他第一次對呂牧明白表示相反的意見。小辛之所以堅持，一方面是相對館子裏的那一幕，得到眞象的瞭解，因爲他覺得必須向呂牧解釋，這二十元錢要作什麼用處。另一方面他擔心如果不解釋清楚，彼此心裏都會有個結，這個結不打開，必然會影響友誼，而小辛對這份友誼的珍視，還出於自己對未來的追求，他不隱諱在這追求過程中需要協助需要扶持，而呂牧能給他這扶持與協助。

呂牧對小辛的依然坐著不動，著實感到意外，他明白，館子裏的事情不能不說，他坐下身，在草地上擰熄煙蒂，順手拔起一支草莖，舉到與眉平行的位置，把玩片刻，然後深深吸一口氣，含混的說：「好吧，我告訴你在館子裏的心情。」

這不是一段趣事的敘述，呂牧的聲調是低沉的。

原來爲了這二十元錢，呂牧的心中竟經過這麼一番曲折，小辛難過極了，低著頭，他想：我心中確有一個秘密，但是不能分辨這秘密是快樂的抑或悲哀的。我也有錢財是人生的束縛之感，然而我畢竟還不曾受它的役使，我不能完全瞭解，呂牧何以如此嚴重的看待這問題？

小辛迷惑著，呂牧的深沉使他對未來的追求，興起了恐懼之感。這已不是一個能否接受解釋的問題，小辛只覺得，以往拿呂牧當一面鏡子，來照自己，而這一刻，這面鏡子上蒙著一層霧氣。

呂牧似乎能揣測小辛在想什麼，說了這麼一句：

「路有千條。」

這是一個強烈的暗示，雖然，呂牧的聲音淡然。

沒有別的話說，他們決定步行到重慶南路二段，拜訪那位在銀行界服務的詩人。

庭院深深，日式房子看來很陰暗，院子樹木搖曳生姿，這戶人家住在這裏一定很適意，小辛想，這也像是個詩人之家。

主人笑容滿面，招呼客人踏上玄關。

要脫鞋？小辛感到十分爲難。

呂牧已脫下他那雙黑色的尖頭皮鞋，那是很貴重的一雙鞋子，花一個多月薪水買的。

呂牧講究穿著，基於什麼心理，小辛未曾追索。

小辛穿的是公家發的膠鞋，這種鞋走路輕便，但是，不透氣，脫下來一股臭味，叫人難堪。小辛遲疑著，爲了要不要脫鞋而困惱。

「咦，你怎麼還站著不動？」

呂牧在一旁發問。小辛仍楞站著。

「脫鞋呀！」

呂牧催促著。

「我——」

小辛不知如何是好。

「哦，我明白了，」呂牧恍然大悟，笑著說：「你是嫌自己腳臭？」

最後小辛還是脫了鞋，甚至連襪子也脫下，好心的主人爲他端來一盆水，洗淨腳，小辛才跨進玄關。

這件事，本不是什麼了不起的大事，可是呂牧總喜歡提起，這使小辛很覺得沒有意思。

今天，電話裏說好要請呂牧站在大哥的立場，給即將退伍的小辛一些指點，呂牧卻又提起十三年前的事，什麼「自卑」「失禮」；小辛已經厭憎了這種話題。

可是，對於退伍後幹些什麼，呂牧能給予小辛多少指點？小辛臨來前曾經想過，那可能是零。呂牧也想過，自己並不能給小辛絲毫指點。

倒是自己這幾年來的行徑，呂牧難堪的想，可以給小辛做個參考。

彼此仍沉默對視，稍有不同的是眼中泛出了熱情。

「你搞出版社是對的，」呂牧打破沉默：「不過，不能把退伍金全拿出來。」

這表示一份關切，小辛很感激。

「你一次能拿多少錢？」呂牧問。

「什麼錢？」

「退伍金呀！」

「我請同事算過，大概四萬多一點。」

呂牧陷入沉思，四萬多一點，能幹些什麼，算算小辛在軍隊裏，從三十七年開始，已超過二十年，這筆錢是來之不易呀！自己呢？只比小辛多拿了一萬多，幾年下來，花得精光，這樣子還能給小辛什麼指點？要小辛莫學自己？有點說不出口，那末，對指點這檔子事，撂到身後去。

小辛覺得奇怪，怎麼問明了話，又不吭聲了？

桌上的菜已冷，伙計的神色顯得不耐，小辛看看壁鐘，已八點多鐘，他提議付賬走路。

而呂牧搖手否定，招呼伙計：

「再來一瓶紅露。」

這已是第三瓶。不是不勝酒力，而是說不上來的別扭，喝酒嘛，要痛痛快快，尤其是酒逢知己，可是，這頓酒，面對的雖是知己，但卻若相隔千里，離得那麼遠。

小辛有泫然之感，他本不是脆弱的漢子，但每當看到呂牧欲藉酒澆愁，卻越澆越愁的模樣，他就有流淚的激動。

「我要談談金門，」突然，呂牧吼出聲。

拿酒過來的伙計嚇了一跳，放下酒瓶轉身就走。爲什麼呢？小辛想，沈緬在回憶，難道眞能夠達到維繫友誼的目的？小辛雖不願意，但在眼前的情形下，卻不能拂逆。

「離開這麼多年，」小辛顯得勉強的說：「很多事都不記得了——」

「我都記得，」呂牧搶白：「忘不了的。」

小辛調整一下坐姿，準備聆聽。

「最忘不了張蛟的那次請客，你、章山、趙明、還有那個充員兵，叫什麼，莊什麼——」

「莊文貴，」小辛作著補充。

「莊文貴，對！年輕小伙子，長得很帥，寫詩也很不差，你們還有聯繫嗎？」

「早就斷了。」

「那天是大熱天氣，碉堡裏很陰涼，」頓了片刻，壓低聲音：「我那天確實喝酒了。」

「吐了一地。」

「你知道是爲什麼？」

「你在信上告訴過我。」

「我想家啊！小鬼，」聲音中含著泣意：「那天是我離家整整十年。」

「大哥，」小辛站起身：「你——」

「我沒什麼，」抹了抹眼角，提高聲音：「人嘛，免不了的。」

小辛坐落，打開瓶蓋，斟滿一杯，舉杯向呂牧：

「我乾一杯。」

「爲什麼？」

「敬你。」

「敬我？」

呂牧錯愕不解。

「爲你那只滷雞腿。」

小辛一飲而盡。

「你這小鬼，還記得這件事。」呂牧臉上有了笑意：「你那次坐禁閉，我眞爲你耽心，要不是老營長，你延誤公務，罪過很大。」

這倒是眞的，小辛想，司令部的「最速件」，被壓在公文箱裏一天半，以至部隊長未能應召去開會，這是延誤戎機，觸犯軍法呀！眞虧老營長，在簽呈上加簽一條「查該員平時工作勤奮，此次尙屬初犯，擬予從輕處分」，要不然，如果部隊長批示「交軍法議處」，我小辛還有今天嗎？

「老營長是個好人，」小辛說：「我一直感激他。」

「聽說他也退下來了，」呂牧說：「在台中一帶做生意。」

「他是個好人。」小辛強調說。

「禁閉的滋味好不好受？」

「當然不好受，」小辛回答著，卻覺得這是多此一問，不過，他還是作了一番描述：

「一堆人擠在黑房子裏，臭氣薰天，奇怪的是居然有人睡得著，還鼾聲大作。早上放風，吸一口新鮮空氣，那滋味眞難形容，半個小時以後又被關起來，等鹽水泡飯。你那只雞腿本來是不准送來的，好在憲兵班長跟我在一起打過排球，有那麼一點交情，才讓我跑到外面來吃。可惜的是，你先走了，沒有看到我那付狼吞虎嚥的吃相。」

呂牧很得意的笑著，這神情很像他們初識時。

「我關過人，還沒有被關過。」

突然冒出這麼一句，小辛甚感不解。

「你記不記得郭森？」

「大力士郭森？」小辛反問。

「我關過他，」呂牧大聲說：「他跟我鬧情緒，派他出公差他不幹，我是一排之長，威信要建立，就下令關他起來。」

小辛對這種事沒有興趣，夾了一口菜，慢慢咀嚼。

「現在想來，」呂牧繼續說：「這實沒有意思，耍什麼威風？算啦，不談這些。」

對小辛來說這一句「不談這些」正中下懷。不過，呂牧又會有新的話題，因爲酒還有大半瓶，不喝完呂牧是不會走的。

天哪，這要挨到什麼時候啊？

小辛有些後悔，不該約呂牧出來，有什麼可討教的？他想，隨即陷入矛盾。

難道呂牧身上，眞已一無可取？不！

那末，呂牧能給予自己什麼？

小辛茫然了。

這一點呂牧尚未察覺，他喝著酒，望著一對年輕的客人，兩情相悅的走出館子，轉過頭來說：

「你今天怎麼不約小惠出來？」

「她有家教。」

「怎麼，她要自己賺學費？」

「這倒不是，她在進師大之前已經教過幾年書，閒在家裏不習慣。」

「小惠是個好女孩，你要好好把握。」

說著，竟興起一份自憐之情，神色黯然。

「喝酒，乾半杯。」

敏感的小辛企圖把話題叉開。

「要乾就一杯。」

這是故作豪邁，小辛必須順從。

「好，我先乾爲敬。」

端杯喝盡，哇，小辛心裏叫苦，受不了。

呂牧卻沒有乾杯，這是爲什麼，小辛想，是我的誠意不夠？

「你代小惠乾一杯。」

命令式的，不得違背，小辛又斟滿一杯，一口飲下。

呂牧也飲乾杯中酒，然後說：

「想不到你眞還有量！」

不知是讚美還是別的什麼，小辛分辨不出呂牧話中之意，自嘲的說：

「打腫臉充好漢，我已經不行了。」

呂牧沒說什麼，似乎已有了醉意，他瞇起眼睛，奇怪的盯視小辛，心想，你這小子，很多地方故意隱藏著，我倒要掂掂你究竟有多少份量。決定如此，呂牧說：

「這瓶剩不多了，再來一瓶吧？」

「不不，我已經夠量。」

小辛開始告饒。

「才三瓶那裏夠？我們每人至少喝兩瓶。」

「我眞的不能再喝了，大哥，你不是不知道我的酒量。」

這已近乎哀求，呂牧稍感滿足，然而，方才自己挑起的話題，卻耿耿於懷。他又瞇起眼睛盯視小辛，這小子，南人北相，一臉青春痘，當年是怎麼看中他的？引導他走上寫詩的路？這究竟是怎麼一回事？寫詩，撈什子的沒用的行當，幹嗎要那麼傻那麼挖空心思的去經營？呂牧有些眩暈，莫非醉了？

「不許再寫詩了！」他突然吼出：「沒有用的，浪費生命，浪費青春，浪費——」

他伏倒桌沿啜泣起來。

小辛被突兀的變化弄得手足無措，他站起身，只聽得呂牧啜泣著說：

「你走吧，不要管我！你走，走——」

小辛沒有走，他過去按住呂牧抽動的肩頭。

「大哥，」小辛低聲說：「大哥，不要這樣，我們一起走，我送你回去。」

「我不要回去！」呂牧推開小辛，也不管館子裏的人怎麼看他，抬起流淚的臉，嚷著：「那不是我的地方，不屬於我！」

「那末我陪你到植物園去走走，那兒空氣新鮮。」

小辛扶起呂牧，一面示意伙計結賬。

呂牧被扶著走了幾步，突然停身，推開小辛，走向原先那張餐桌，咕噥著：

「不，我還沒有喝夠，我還要喝，一直喝下去——」

他軟乏的彎倒在地上。小辛慌了，幸虧較年長的一位伙計跑來幫忙，兩人合力把呂牧扶起。

兩人一左一右，近似挾持的扶著呂牧到門口，這時，呂牧卻突然掙脫兩人的扶持，轉身，立正，行舉手禮，標準的軍人動作，一面說：

「對不起，對不起各位，退伍陸軍上尉呂牧向各位告罪。」

有奇怪的笑聲在屋角揚起，呂牧沒有聽到，小辛聽到了，他一陣心酸，眼角發熱。

坐進計程車，小辛說：

「寧波西街。」

呂牧加以否決，揮揮手，含混的說：

「到郊外兜一圈。」

小辛不能再否決。車子駛向公館，小辛看呂牧，他緊閉著眼，急促的呼吸聲，隨著車窗外一閃一閃的燈光，交織出一片幻影，小辛辨別著幻影中的形形色色。

「小鬼，原來你就是壁報上寫那首詩的，好，以後常到營部來找我，我們一起來研究研究。」

那是十七年前，在沙鹿，說話是營部中尉情報官呂牧，小鬼是突擊排的上等兵小辛。

「小鬼，來，送你一本我寫的詩集，寫得不好，裏面的情感卻是眞摯的。」

那是在十六年前，烏日營房，呂牧依然是中尉情報官，小鬼已升爲下士砲手。

「小鬼，不要勉強去寫，要多看多想多分析，假的感情寫不出眞作品。」

那是十五年前，台中市干城營房，中尉情報官呂牧在野戰醫院割治痔瘡，寫信給中士副班長小辛。

「小鬼，何必難過呢？我只調到師部，離這兒不遠，你可以常來。我只送給你一句話，保持本色。」

那是十四年前，觀音海防陣地，呂牧調爲附員，這對他是一個打擊，但是，他沒有向小辛表露任何不滿。本來，呂牧的性格體型，是宜於在軍隊發展的，只因爲某種因素，斷了這條路。

「小鬼，調來師部不簡單，好好幹，當然，也要好好寫詩，我已把自己看透了，我打算下去，換一個生活場地，重新出發。」

十三年前，小辛升爲上士文書，而呂牧仍是中尉附員，不免有一點意氣消沉。不過，在寫詩方面，呂牧沒有服輸，這彌補了前一方面的缺憾。

然而，正當呂牧以「因病」爲由申請退伍時，一紙命令下來，他被調到另一單位任排長。這是更沉重的打擊，他默默承受下來，到新單位報到。

十二年前的某日，小辛去看他，從霄裏到石門，好長的一段路，北部海濱的石門浪高風急，呂牧彷彿蒼老了些，他帶小辛走在海堤上，低沉的說：

「我不希望你來看我，你會擾亂我想問題，這十個多月，我想得很多，不是文學上的，我暫時不想寫詩。我想自己是怎麼出來的，爲什麼出來？我想在北平那段日子，學生們鬧學潮，我們去勸阻，這是爲什麼？在門頭溝，我帶一班弟兄去奪回那塊小高地，火燄噴射器燒爛了我的後腦勺，小高地奪了回來，我才發覓自己負傷，這又是怎麼回事？我還想到小葉的去世，最後閉目時還叫爹喊娘，我帶了他三年多，離開北平時他娘千付萬托要我帶他回去，只三年他卻走了，走得那麼遠。我只能想這些，這是我的經驗，我大部份的——」

他沒有再往下說，小辛的心頭像壓著巨石。

車子突然急刹車，兩人身子前傾，驚問：

「怎麼回事？」

司機的頭伸出車外，咒著：

「小子，你送死啊！」

他們明白過來，酒醒了一半，看看車外，已到了新店。他們下了車，向吊橋走去，呂牧在掏香煙的時候輕聲問道：

「你在車上想什麼？」

「沒什麼。」

「我一直在想，」呂牧困難的說：「我要不要把自己改變一下？」

小辛沒回答卻樂於聽到這句話。

四

回到設在辦公室地下室倉庫的「家」，已經是深夜十二時四十分，呂牧覺得又渴又餓，登上十二級梯階，把辦公室的燈全打開，一張又一張桌子的翻找，也許在某抽屜裏，會有半包餅乾或花生米，這是那幾位愛吃零食的小姐留下的；反正都是好同事，吃了再說。

不幸的是，任小姐的抽屜上了鎖，林細腰的抽屜裏什麼也沒有，黃鳳眼的抽裏雖有貨，卻是他最不愛吃的「北港飴」；這種軟綿綿滑溜溜的玩意兒，吃了倒胃。

雖然如此，此刻卻將就將就吧！

呂牧抓了一塊「北港飴」丟進嘴裏，嚼也不嚼，就吞了下去。

眞不是滋味，他皺起眉頭。呂牧皺眉時有一個習慣動作，那就是眼珠發直，彷佛要從眼內蹦出，這給人一種嚴肅陰沉之感。

他不打算再吃第二口，可是肚子仍餓，喝一杯水吧，他作了決定，開始找可喝的水。通常，下了班，辦公室的人走光之後，那兩個熱水瓶的水也喝得差不多了，下班以後想喝水，呂牧必須自己燒。

燒水並不太麻煩，可是要等水開，卻令人不耐，所以，呂牧不打算喝水了。他在一張轉椅上坐落，掏出香煙，不曾點火，把煙啣在嘴角，陷入沉思。

他想小辛該已入睡，不不，也許這小子還在「上大人」吃酒釀湯圓，滋潤香甜的芝麻餡，確是閒食中的珍品。小辛送自己回來時，還約自己去「上大人」，呂牧想：不該回絕他的。

小辛還會在那兒嗎？這小子吃東西細嚼慢嚥，一派斯文，恐怕還在那兒品味吧？要不要去找他？

「算了，」呂牧從轉椅上站起，自言自語：「忍一忍吧，又不是不曾挨過餓。」這倒是眞的，有那麼一段日子，挨餓是常有的事。他點燃香煙，又在轉椅坐落。這時候總難免回想往事，雖然那些往事在整個時代變遷中不算什麼，但就個人並不輝煌的生涯來說卻有值得珍惜、值得回味的地方：「屁！值得什麼？不值拾圓新台幣！」說歸說，自己心裏明白，這不是拿錢來衡量的問題。所以，有時候不僅獨自回味，還要添枝加葉，說給小辛聽。

現在，又餓又渴，睡不著，那麼就拿往事來打發時間吧。呂牧猛吸一口煙，斜靠在轉椅的墊背上，苦苦思索。他首先想到一三二小高地的那一段。

刮西北風的日子，天寒地凍，從昨天午夜開始的大雪還在降著。這已是第三夜了，他們防守著這座小高地。

營部的命令是「固守待命」，實際上這「固」字也可以說是「死」字。「死守」，這任務是多麼吃重！

呂牧和他的一班弟兄俯伏在小高地的散兵坑裏，接通各坑的壕溝，本來就挖得很淺，現在已被雪掩埋。他們在每個坑上架起樹枝，再找來些麥稭、高粱桿覆在樹枝上，擋雪遮風，可是總得隔個幾十分鐘，把這臨時搭建的蓬頂上的積雪清除，以免壓垮篷子。這是一件危險而又辛苦的差事，尤其在白天，目標暴露，敵人只要算準時間，伺機而動，很容易就能把目標擊殺。幸而托天之福，這三個白天，敵人不曾再在這一帶活動。

身爲班長，呂牧的散兵坑居中，位在小高地的突出部，也正是所謂「風口」。三天來，篷子被吹垮了四次，最後他乾脆不再重搭，把一束麥稭覆在身上，又在坑底舖些高樑桿，就那麼暴露在風雪下。

第三夜了，營部還沒有歸建的命令下達，弟兄們不免猜疑，難道營長不要我們了？呂牧爲了安撫弟兄，費了不少唇舌，這倒還不算什麼，因爲呂牧平常待弟兄們好，大夥兒信任他，難的是口糧不足，他們隨身攜帶的三天乾糧，在奪取這片小高地的攻擊行動中，爲了減輕身上的負荷，都扔得所剩無幾了。這三天，他們吃的是僅剩的口糧，這還是呂牧控制得當，每天定量分配，才勉強維持下來的。然而，最後的一袋炒麥，今天已分配光了，如果晚上接不到命令，又補給不上，該怎麼辦呢？小高地附近沒有民宅，沒有作物，只有那幾株白楊與榆樹。

啊，對了，可以吃榆葉！呂牧靈機一動，興奮得蹲起身子，但隨即又自覺掃興。榆葉都落光了，留在枝上稀稀疏疏的幾片，也老得不堪咀嚼。

他爲此苦惱著，伏下身，他想，唯一的辦法，是連夜帶著弟兄直奔門頭溝，向營部歸建。可是，沒有營長的命令，這是擅自棄守，要斃人的呀！

怎麼辦呢？總不能挨餓等死啊！走，把一班弟兄帶走，投到別的單位去！不不，這個念頭太荒唐，這怎麼對得起營長。

呂牧萬分苦惱，摸了摸凍僵的臉，突然他覺得脖子後部的傷口又痛起來，他伸手輕按傷口，不竟叫出：

「啊喲，我的媽呀！」

在他右側的下士機槍手小葉，隔著五公尺距離，又在呼呼作響的風聲中，聽到班長的叫聲，以爲是敵人摸進班長的陣地，毫不考慮的一個箭步竄來，「咔嗦」一聲推上槍機，叫著：

「什麼人？」

呂牧沒想到自己一聲忍不住的呼痛，竟驚動了小葉，而且由於小葉的喝問與行動，更引起另外七位弟兄的連鎖反應，一時間竟不知所措。等到小葉搞清楚實際情形，叫大夥兒安心防守以後，呂牧才覺得有點過意不去，他對小葉說：

「你回去吧。」

「不行，」小葉堅持的說：「我得看看您的傷口。」

小葉是北平人，一口京片子，家在城裏王府井大街，開著一家銀樓，他不在家享福，卻滿腔熱血，報考第二期青年軍，說是消滅禍國殃民的共產黨。呂牧曾受他父母的再三托付，所以覺得對小葉有一份特殊的責任，也就對小葉特加照顧。

在小葉這方面，他從不顯露有錢人家子弟的氣勢，也不以為班長對自己特加照顧就可以在別的弟兄跟前神氣活現，他默默承受班長的好意，從入伍那天起，一直勤奮的學習，不發一句怨言的出任務，實現自己報國的願望。他入伍時正在唸高中二年級，十七歲，外表斯文、英俊，可說是一個美男子。由於聰明勤快，入伍三個月後，就補上上等兵缺，半年後，升為下士，擔任機槍手。

小葉有一句口頭禪：「我眞不明白。」常常，他會問呂牧：

「班長，我眞不明白，那些學生，吃著大米白麵，為什麼還要鬧罷課、遊行，搞什麼反飢餓？」

「我眞不明白，共產黨為什麼要作亂？」

「班長，您指點指點我吧。我眞不明白，為什麼那些報紙總是說瞎話？」

說起來，呂牧的知識程度不比小葉高，呂牧唸的是鄉下的高中，小葉的學校在北平城裏卻是頂尖的。不過，呂牧長小葉三歲，跑的地方多，見識廣，經驗足，所以他對小葉的「我眞不明白」，都能夠一一解答。

小葉尊重呂牧，一方面固然是因爲呂牧見多識廣，一方面卻因爲呂牧是一個標準軍人。說到這一點，呂牧自己也有幾分驕傲。呂牧入伍只比小葉早半年多，跟他同時入伍時，並沒有多少人升爲班長，而呂牧卻是少數升爲班長的人中升得最早也最受器重的一個。

呂牧不僅基本動作完全合乎操典，而且身材也合乎標準。他身高一七五公分，體重六十三公斤，目光炯炯有神，聲音宏亮，走路時腰桿畢挺，目不斜視，再加上他有膽識，敢作敢當。這一切，在長官心目中，是最好的基層幹部材料，於是，就刻意培植。

小葉是在呂牧剛升班長的時候入伍的，當初這批新兵分配編班時，呂牧本來沒有權選擇要誰或不要誰，但他一發現小葉，就覺得「順眼」，所以，當副連長點名到「葉昌平」，呂牧竟叫出聲：

「報告副連長，這個兵我要。」

這是有違規定的舉動，但是副連長只側臉看了一眼呂牧，就說：

「好吧，就撥到你班上。」

呂牧是第二排第五班班長，在第二排，他當第四班副班長的時候，就是出了名的「閻王」。說來，這「閻王」綽號並不妥貼，呂牧只是管教嚴格，並不兇狠。有時候，他帶弟兄出公差，還常常領頭幹，彈藥、糧秣，百來斤的物品，他一拎就拎上肩。所以，後來小葉知道呂牧竟有這個綽號，曾下了一番功夫，勸說弟兄們不要再叫。

然而，這一回小葉卻在蹲身的時候，突兀的叫出：

「閻王！」

呂牧被這一聲叫喚轉移了心志，脖子的傷口不痛了，但他覺得奇怪，為什麼小葉要叫這廢棄不用的綽號呢？

他想問，小葉卻搶先說：

「您的傷口很疼吧？」

這一夜有月光，不過在風雪中顯得慘淡。小葉從呂牧側轉過來的臉上，看出一份焦慮和不安，這是往常沒見過的。呂牧又轉回臉去，在想怎麼回答小葉。

彼此沉默著，呂牧想到了該怎麼說，剛張嘴，覺得不如不說，又把話嚥了下去。只輕輕的淡漠的用一聲「嗯」來代替。

小葉很為班長難過，一方面也敬服班長，眞是個硬漢，傷得這麼嚴重，卻只敷上一些藥粉，紮上紗布，繼續服行這項艱苦的任務。但是，小葉搞不清楚，為什麼營長下令攻下這座小高地後，不叫別的弟兄來接替防守，而要這個臨時編組的突擊班繼續「固守待命」呢？再說，全營弟兄都到什麼地方去了？怎麼三天以來，不見一個人影呢？小葉雖不懂戰術運用，但常情判斷，營長命令呂牧自己連上挑選八名弟兄編成突擊班，配備兩挺輕機槍，限時攻取這座位處要衝的小高地，應該有明白的目的啊！難道說，這只是聲東擊西，在營長心目中，拿攻取小高地，使敵人判斷錯誤，而遂行另一項更重要的任務？小葉完全弄糊塗了，三天來，他幾次衝動，想問班長—因爲在這個突擊班，只有自己是班長的直屬部下，其餘七名，來自連上不同的各班，個個都是百步穿揚、技高膽壯的好手—但總是不敢出口。

現在是個好機會。不過，該不該問問班長呢？班長明瞭整個情況嗎？會告訴自己嗎？想到這些，小葉放棄了問一問的念頭；因爲，這不該問，即使問了，班長也不會答覆，更何況，看班長的神情，三天來分配口糧時的一舉一動，所說的每一句話，恐怕他對整個情況也不明瞭。

這眞使班長爲難，連降著的大雪，幾乎沒有中斷過的西北風，在這荒郊野地，誰受得了，而且班長還負了傷，咬緊牙根硬挺著，這要換了誰都受不了。這份精神就夠令小葉肅然起敬，更不要說還要照顧弟兄，還要隨時應付突發的情況。這麼一條漢子，你說他不是「閻王」是什麼？

小葉一面敬服,一面也同情班長,所以,他剛才不知怎麼的,竟叫了「閻王」這個綽號。此刻想來,覺得有些冒失。他尬尷的笑了笑,搖了搖頭,壯起膽量,囁囁的低聲說:

「報告班長,您沒生氣吧?」

呂牧轉過臉來,訝異的問:

「我生什麼氣,生誰的氣?」

「我剛才叫您閻王——」

小葉低聲說,注視著呂牧的臉。裹在護耳軍帽裏的呂牧的臉,那雙眼睛還是那麼炯炯有神,小葉有些不敢正視,微低下頭。

「你看我在生氣嗎?」呂牧伸手拍了拍小葉的肩頭,肩上的積雪落下地:「我沒功夫生你的氣,老弟,回你的坑裏去吧,身上多披些麥稭,試試能不能睡著。」

聽起來多親切,小葉深受感動。不過,小葉還不想走,他要把心裏的話說出來。在小葉看來,前天清早的那一戰,以及這三天的種種表現,呂牧不僅是閻王,甚至比閻王更厲害。

能說不是嗎?三天前,當九個人完成戰鬥編組,這一由營長授命的突擊班,在夜裏從營部所在地門頭溝出發,開始服行攻取這座小高地的任務。營長說得很明白,任務非完成不可！

突擊班在午夜出發，小高地距門頭溝約四、五里路，他們徒步前進，到達攻擊發起線，已是拂曉前三十分鐘。呂牧在一棵大榆樹下集合弟兄，分配任務，九個人，分成三個戰鬥伍，一伍三人，呂牧帶領第一伍，居中攻擊，楊副班長帶領第二伍，位置在右，金副班長帶領第三伍，位置在左，第二、三伍左右策應，各伍的距離七十公尺，縱深十五公尺。小葉對於這樣的配置，可說是完全陌生，他編在班長的一伍，心想，不管怎麼樣，只要跟定班長，就不會出錯。他是第一次上火線，前幾天的作戰，自己所屬的第七連，是營預備隊，沒有機會在第一線跟敵人拼，現在機會來了。雖然如此，他還是有點怕，畢竟這不是鬧著玩的，這是拼命的事。他不像楊副班長那樣豪邁，說什麼：「掉了腦袋也不過碗大的疤！」他誰也不像，他還只是個十七歲的年輕人，少不更事，如今竟上了火線，投入一場生死的決鬥。

他有些怕，就像雷馬克所寫的「西線無戰事」裏的那些小兵，這本書他曾一看再看，他特別喜愛書中的那個老兵，呂牧在他的心目中，很像那個老兵，雖然呂牧的資歷不深，年齡也不若那個老兵。小葉記得在入伍的第三天，曾利用基本教練的休息時間，偷看那本封面已被翻爛的書，被呂牧發現了，書被充公，還受到一頓申斥，當時，他很不諒解呂牧。那天晚上，情形改變了，呂牧把小葉叫到操場一角，把書發還給他，並且說：

「這本書很好。」

小葉想問班長，您看過沒有，呂牧先回答了：

「我也看過，不過大部份情節都忘了。」

他們從這本書，談到各自的喜愛，其中最大的喜愛，竟不謀而合，兩個人都愛讀文學作品，特別是世界名著。呂牧覺得奇怪，像葉昌平這樣家世良好，不愁衣食，長得細皮白肉，一表人才，爲什麼跑來當兵？前天入伍時雖然問過，小葉的回答不能完全解惑，所以，呂牧又提起這個問題：

「小葉，前天你說，你當兵是爲了打共產黨，眞是爲了這個嗎？」

小葉沒想到班長會提出這個問題，想了一回，閃避的說：

「報告班長，我眞的爲了這個，共產黨太壞啦！」

「眞的這樣嗎？」呂牧追問。

「報告班長，我眞的爲了這個，共產黨太壞啦！」

呂牧不說話了，心想，十七歲的孩子，對共產黨會有多少認識與瞭解？嚴肅的檢討自己，自己雖已二十歲，在這方面除了恨，也說不上有多少瞭解與認識。呂牧肯定了自己的想法，小當兵一定有別的原因，他決定利用星期假日，到王府井大街隆昇銀樓，問問小葉的父母。

那時候部隊駐紮在城郊，每逢假日，大夥兒都進城去逛。北平是座名城，呂牧第一次進城，就像劉姥姥進大觀園，覺得什麼都新鮮、稀奇，不過，他沒有心情玩樂，從山東一個窮苦的小地方跑來，不是為了逛北平城，滿足一下好奇的心理。他是來接受一種跟出生以來的生活完全不同的新生活，說它是為了討生活，也未嘗不可；不過呂牧明白，這要付代價。在家鄉，窮苦是一回事，他不能忍受共產黨游擊隊的擾擾，晚上偷偷摸進村，說盡了動聽的話，把村裏各家戶僅剩的糧食，用「借」的名義搜刮一空，更歹毒的是，一連串甜言蜜語，一聲聲老大娘老大爺，哄騙村裏的少男少女跟他們去「打天下」。呂牧不甘心這麼容易就給牽了走，下定決定離家到濟南找二叔。在濟南撲了個空，二叔一家不知遷到那兒去了？在濟南車站，這時候正有軍隊設下的招兵處，呂牧已沒錢回萊陽，看看招兵處的告示，心想：對啊，為什麼不報名呢？這不也是一條出路嗎？呂牧記得那篇告示，說得實在很有道理，青年從軍報國，合力來把元氣大傷的國運挽救。

呂牧在招兵處報了名，經過考試，他成了一名兵士。不久，部隊到北平，接受嚴格的訓練。那時的北平表面還算昇平，但已是暗流潛伏，呂牧關心情勢的發展，在他升為副班長以前的那段日子，他每次看完報紙，就大發脾氣，破口大罵那些禍國殃民的敗類，所以伙伴們都叫他「呂豹」或「豹子」。其實，很多弟兄都這樣，他們希望早日完成訓練，上前線拼它一場。升了副班長以後，情形稍有改變，呂牧覺得既然當一個軍人，就要有足夠的條件，這些條件包括基本動作標準，槍法準，體力壯。也因爲專心於自我磨練，他不再搶著看報紙，看過之後也不那麼容易激動、容易發怒了。

呂牧去拜訪小葉的父母，是瞞著小葉獨自去的。葉家熱情的款待他，說明來意後，葉母一把眼淚一把鼻涕的訴說：

「這孩子，眞是中了什麼邪！他知道什麼，才十七歲，樣樣都要大人照應……我家就這麼一個男孩，班長，您心好，您把他給送回來吧！您說，他爹給他成親，這有什麼不好？早成親早生子，他爹六十七啦，五十歲才有了這麼一個男孩，他爹怎麼不急著抱孫子呢？唉，這也怪我，替他生了七個女孩……班長，您送他回來，我一定叫他爹大大的謝您，班長……」

呂牧明白了實情，但是他沒有跟小葉說，他覺得，葉家的情形雖然有値得同情的地方，不過，那種重男輕女的觀念，實在要不得。

小葉不知道有這回事，他認爲自己的這個秘密，一輩子也不會揭露，所以，才敢這麼肯定的對呂牧說：我絕不騙您！

可是，這時刻，生死就在轉瞬間，小葉怕了起來，他想：爲了「逃婚」這値得嗎？然而，這已經無從選擇，到了這地步，非面對它不可！

他又想到「西線無戰爭」裏的主人翁，那個叫什麼名字的高中生，他覺得，現在的選擇，就是學學那個高中生。小葉這麼一想，心裏寬舒了些，他緊握著冰冷的輕機槍，彈藥兵兼通信兵宋小隆蹲在它的旁邊，在左側一株楡樹旁，呂牧在看手錶。

另外二個戰鬥伍已分別帶開，各自選擇了有利的地形，等待著攻擊令下。

一秒、二秒、三秒……心跳聲恍若時鐘「的嗒」，小葉又怕起來，身子微顫著，宋小隆經驗老到，看出小葉不對勁，悄聲說：

「別怕。」

天色漸明，小葉看向正前方，標高一三二公尺的小高地，像一個龐然大物矗立在眼前，算算距離，最多一百公尺。

說也奇怪，這一帶一片平野，怎會有這麼一座高地它像是人工堆起來的，在平野上顯得那麼突兀，那麼不調和。

呂牧也這麼想，他曾來偵察過，尤其對高地中央的突出部特別注意，這上頭一定會有一個機槍陣地，攻上去實在不易，所以他決定自己率領一伍弟兄爲主攻。不過，他一直都在想，爲什麼要挑上小葉？連裏九名機槍手，論作戰經驗、論戰技，小葉排名九，爲什麼選他？有什麼心理因素？是因爲小葉是世家子弟。是厭惡葉家重男輕女？呂牧分辨不出原因來。

而此刻，也已經沒有時間容他分辨。

攻擊即將開始，高地上敵人毫無動靜，看來似乎也毫無戒備。呂牧向小葉他們招手，兩人矮身奔來，呂牧輕聲說：

「就在這裏。瞄準突出部，左右六十度掃射，掩護我上去！」

「班長，」宋小隆似覺不妥，輕喚一聲，卻沒有把話說出。

呂牧做了一個要兩人把姿勢放低的手式，然後拍拍小葉的肩頭，帶笑的說：

「你嚐嚐逃婚的滋味吧！」

小葉沒有聽清楚，「頭昏」，什麼意思？想了一回，才恍然大悟，是「逃婚」，不是「頭昏」。班長怎麼會知道？小葉惶惑著。

但已不容他追索，攻擊發起了。

呂牧的司登式衝鋒槍一串吼叫，左右兩側的槍聲立刻加以呼應，小葉聽得呂牧的一聲：

「掩護我！」

扣動了三〇輕機槍的板機。

「噠噠……」

槍聲打破原野的沉寂，驚起在枯草叢中作窩的鵓鴣，拍翅急飛而沒。

敵人眞的毫無戒備，一時慌了手腳，等到還擊時，呂牧已竄上高地突出部，一陣掃射，解決了敵人的機槍手。

左右各伍的弟兄也已竄上高地，解決了敵兵。眞快，不到五分鐘，小葉正這麼想著，突然聽到一聲慘叫，多熟悉的聲音，會是班長嗎？

小葉端起機槍，急奔前去。

果然是呂牧，他倒在地上，雙手摀住脖頸，翻滾著。

這是怎麼回事？

「他奶奶的，」在一旁，金副班長咒著：「竟會有火燄噴射器！」

他恨極了，跑到一名死去的敵兵旁邊，拿起火燄噴射器，高高舉起，咬牙切齒的，狠狠摔落地上，又用腳猛踩，罵著：

「狗養的，我操你奶奶！」

在呂牧這邊，楊副班長已經在用不很熟練的手法，爲呂牧敷藥裹傷。

這怎麼會發生的呢？小葉還是不解。

他只見呂牧痛苦萬狀，脖頸後部血肉糢糊，帽子頭髮燒焦了一大片，不過，呂牧的精神還好，這使小葉稍感寬心。

傷部包紮完畢，楊副班長要呂牧匐伏著躺下休息，呂牧拒絕了，他強忍著劇痛，對弟兄們說：

「把那些傢伙埋掉，我們要守在這兒。」

清掃戰場的經驗令小葉幾天都心中翻騰，他弄不明白，屍體爲什麼這麼重？而掘坑覆土，一圓鍬一十字鎬的，竟這麼艱難，揮剷之間，泥土硬得像石頭。

完成了這項任務，弟兄們都有點像洩了氣的皮球，可是，還有更艱鉅的任務：「固守待命」。敵人說不定馬上會來反撲，所以，呂牧下達又一道命令：

「鞏固陣地。」

整個上午他們忙著加強工事，宋小隆被派回去送戰報，並請示新的任務，他回來時已是中午，帶來營長一句話：「固守待命。」

呂牧巡視了加強後的陣地，分配了警戒任務，才鬆了一口氣。這時候，小葉才從金副班長口中，得知呂牧受傷的經過。

「……我竄上高地，一槍就幹掉一個，他奶奶的，誰知道他沒死，竟拿起歹毒的火燄噴射器，掃了過來，我一矮身，躲了過去，火頭卻噴上了班長的後脖頸……幸虧張厚才趕來，給那個王八旦補上一槍。」

小葉聽著，對張厚才深懷感激。他想：如果不是張厚才及時趕來，補上那一槍，班長的傷，一定會更嚴重。小葉又想起那一片血肉糢糊，彷彿自己也受傷似的，覺得一陣劇痛。他不知這劇痛在身體的那一部位，也弄不清怎麼突然會有這種感覺。他向呂牧那邊走去，他要對呂牧說：

「班長，你眞行！」

然而，就在他轉身走動時，金副班長說：

「呂班長了不起，我沒見過這樣的硬漢！」

金副班長在部隊裏是老資格，要他這麼說，可不容易。小葉明白，這完全是呂牧的表現，才叫金副班長這麼說。小葉覺得，自己似乎沒有必要，再對呂牧說：班長，您眞行！

可是，這一刻不同。這一刻已過了三天二夜，情形變了，他們在這兒守著，等待營部的命令，不知爲什麼，小葉覺得一定要把藏在心裏的這句話，向呂牧說出來？

這是很複雜的心思，有一種仰慕、一種傾訴、一種祝禱……小葉再也彆不住。

「班長，您眞行！」鼓足勇氣，終於說出。

呂牧沒吭聲，抖落身上的積雪，自嘲式的搖頭一笑忽然說：

「昌平，這不該是你的事。打仗，沒你的份，你卻來了。」

小葉一驚，不明白班長爲何如此說。他想問，呂牧又開腔了，聲音是熱情的：

「你怕一個女子？怕什麼呢？人總要過這一關的。」

這分明是指「逃婚」的事，小葉想：班長如何知道？

「我到過你家，」不待問，呂牧揭開謎底：「你娘把一切告訴了我。」

「我——」小葉不知所措。

「還來得及，」呂牧提高聲音說：「等我們返防，我把你的情形向連長報告，我送你回去——」

「不！」小葉決斷的搶白：「我不回去！」

「我不是送你回去結婚，這我也不贊成，」呂牧這番話，使小葉繃緊的心弦舒鬆一些，呂牧繼續說：「你應該回學校讀書，將來國家需要讀書人，越多越好，國家不需要太多軍人。」

這話是什麼意思。

小葉迷惑著，盯著呂牧的臉，呂牧的眼中又閃出光來，是智慧的光嗎？

「我也想再唸書，」呂牧說：「我沒有你這種機會。昌平，眞的，我講不出大道理來，可是，我發覺，仗總有不打的一天，到了那個時候，就要用學問來建設國家。你明白我的意思嗎？」

「嗯，」小葉點頭輕答。

「我一定向連長報告，我想連長會准你回家，到時候，我送你回去。」

可是，呂牧的這個願望未曾兌現。當他們接獲返防歸建的命令，部隊立即開拔，離北平更遠了。

呂牧因為作戰建功，升任排長，小葉升了副班長，金副班長接下呂牧的班長地位，這時候戰況急轉，部隊已待命撤向南方。呂牧在一次接運新兵的任務中去過已成危城的北平，去探望了葉家父母。做母親的蒼老許多，哭著向呂牧要兒子，呂牧只能聲聲勸慰，最後答應葉母，一定把昌平送回來，完完整整的送回來。

然而，到了南方，水土不服，在浙東新昌，小葉感染了傷寒。這是不治之症啊，呂牧難過極了。他隔天去一趟簡陋的野戰醫院，去一次增重一份哀痛，醫官只搖頭，呂牧恨不得躺在病床上的是自己。

小葉已知道自己撐不下去，但是不曾流一滴淚，他感到安慰、滿足，有一個自己敬愛的人送自己走盡人生這條路，還求什麼呢？小葉的堅強令呂牧訝異，但更增痛苦，三年多了，親兄弟一般，走著這條艱苦的人生路，如今要放單，我還有多少勇氣往下走？呂牧痛心的想：怎麼走？

小葉死在一個月圓的晚上，呂牧趕去時，小葉正哭爹喊娘，這是人性的最後表露，呂牧急叫著：

「昌平，昌平！」

緊抓住小葉皮包骨的手，流出淚來。

「噠噠——噠噠噠噠……小高地，一三二小高地——」

突然聲息靜止，呂牧伏在屍體上，哭叫：

「昌平——」

「昌平！」

昌平，昌平……

從回想中驚起，呂牧撲向正前方，他張開的雙臂一收攏，摟抱住的只是一片空茫。

「想這些幹什麼？」他伸手給了自己一巴掌：「媽的，自尋苦惱！」去睡吧，看看壁鐘，四點四十五分，天快亮了，睡得著嗎？不如再熬一陣，五點十分隔壁巷子的豆漿店就開門了，喝它一碗辣呼呼的鹹漿，來一套燒餅油條，不，那家的饅頭道地，來兩個。

算了，何必拿這個調侃自己？這是故意的，有些做作，不該是我呂某人的本色。還是再想小葉那檔子事兒吧，小葉，你走了也好，不然，挨到如今再分手，更是情何以堪？

你聽著，小葉，你的呂班長，不，呂排長，已經不在軍隊裏幹了，五年了，脫軍衣，套上另一具束縛，就是這麼回事：混！

小葉，他不知道的事兒太多太多，這麼複雜，叫我怎麼說？唉，不說也罷，不說也罷！

怎麼啦？小葉，你要走？去那兒啊？回家，回北平王府井大街隆昇銀樓？得了吧，時過境遷，一切都變了，如今北京城裏紅旗滿天，那些王八龜孫不知道為什麼胡整，翻了天，掘了地，沒人敢吭聲，連喘也有罪哪！我沒騙你，這是眞的。

大哥會騙你嗎？小葉，小葉！咦，怎麼換了一張人臉？這是誰？是你，小辛，你怎麼跟小葉長得差不多模樣？你來幹什麼？來告訴我想開一點？告訴我莫鑽牛角尖？噢，對啦，幾個鐘頭以前，我對你說過：

「我要不要把自己改變一下？」

我要，要改變！小辛，我的兄弟，你等著瞧：

我會變的！

變?!

為什麼要變，要怎麼變，變成什麼？這一連串問題，對呂牧來說，答案是游移的。

呂牧自以為生命陷於低潮，尤其是，自從卸脫軍裝投身到這座急速轉變中的都會，他已更不能堅持早年建立的原則，生命像一支尙未點燃而已被四週的熱力熔化的蠟燭，這是多麼不甘心哪！

然而，在他日思夜想中的所謂屈辱，以小辛的觀點，卻是一種生命的歷練。

他們曾為此有過爭持。

「你向我說教？」呂牧擺出一付不以爲然的姿態，責問小辛：「難道你認爲，這些年來，你所接受的一切，都是合理的？對你的生命毫無損傷？」

「我並沒有這麼說，」小辛保持一貫的冷靜，輕聲回答：「大哥，你應該了解，這麼多年來，我們無論在一起，或不在一起，我一直對你懷著尊敬，因爲你在心目中，是一個強者。你還記得在金門的時候嗎？有一天我去看你，我們走在村外的田埂上，田埂的一端立著一塊石碑，當時我曾說，這石碑是你，你神色愉悅的接受這句話。後來，你寫信來說，爲我這句話想了很久，覺得自己還不夠堅強，爲了不讓我失望，你要試著從各方面磨練自己。」

「我試過，」呂牧搶著說：「在小金門，在大膽，我在排長與副連長的職務上盡了心，可是，在某種制度之下，有人對我失望，我心灰意冷，你應該了解，這不是我自暴自棄——」

呂牧激動起來，作著手勢的右手在微微顫抖，小辛耽心呂牧由激動轉爲憤怒，立即掏出香煙，遞一支過去。

「大哥，那件事對你來說，確是一個打擊。」小辛在爲呂牧點燃香煙後，繼續說：

「可是，打擊不也是生命的歷練嗎？」

「狗屁！」

呂牧把才吸了一口的香煙摔在地上，站起身，惱怒的走動幾步，然後強自抑制心火的上竄，走回到小辛身旁，低聲說：

「不談它，我們喝酒去。」

然而酒的慰藉很飄忽，呂牧非常明白，這不過是又一次人生的遁走，又一次自我的嘲弄。

呂牧失神的癱坐在椅上，更木的椅子，年久失修，結合部份鬆動著，發出「吱吱」的聲音，呂牧覺得，自己是這把椅子。

「什麼石碑？呸！」

他鄙夷自己，腦海中，卻映出田埂上的那一幕。

「怎麼變？怎麼變！」

反覆自問，答案虛茫。呂牧又開始惶恐了，剛才在想什麼？怎麼後頸在隱隱作痛？他伸手，反掌，觸及那片傷痕，心中遂又泛起強烈的痛感，引發周身一陣顫慄。

他啞聲叫出：

「昌平！」

記憶裡，一三二小高地的英雄行徑，偶而會產生一些自慰的作用，卻不經久。呂牧常想：究竟意義何在呢？尤其走了小葉，另外七個出生入死的弟兄，也一一星散了。想像中，只有小高地依然矗立，土地是萬物的慈母，可是，這永恆的形象，在眼前，懨懨的日子裡，變得多麼遙不可及！

那三天，記錄在呂牧生命中的，不祇是頸後的一片傷痕，在心中，雪的白與血的紅，交織而成一片火辣辣的鞭影，無目標的揮舞，有時匯爲一股強勁的旋風，狂捲著自己，撕裂了衣衫、毛髮、四肢、五臟。呂牧明白，這是因爲自己還活著，而有人卻在那三天，在自己的面前猝然死去；只發出一聲「啊！」，生命就那麼折斷。

爲什麼呢？難道殺戮眞能把問題解決？如此單純嗎？呂牧不敢向自己解釋。所以，在這個事件上，他只想小葉；集中心志的想，許能把別的忘卻。

「這是逃避！」他告訴自己。他知道這是違反了自己的原則，然而，人活著，究竟應如何坦誠的面對自己，負起自己應負的一切責任呢？誰能永不對自己作僞？

長久地，呂牧困惑在這問題中。

他又想起小葉，頸後傷痕的隱痛遂又引發身心的顫慄。忽然，腦海裡映出三個字：

「疤勳章」！多動聽的新名詞，不知誰創造的？

然而，這表示什麼？榮耀嗎？你們誰看到了我的頸後在閃閃發光？

「蠢物，去你的！」

呂牧咒著，頹然倒向椅背。

他試圖什麼也不想，閉上眼，卻又見那片雪野，那座小高地，耳際遂又響起噠噠的槍聲，和猝然的一聲：「啊！」

這是又一次失敗，終於他決定放棄。再想吧，人活著，不能不想。而想，也許是一種生命解脫的方式，一種自我的撫慰；你沒見過想白了頭髮、想瘦了身體的慈母嗎？雖然，在這過程中，它會帶著看不見的刀刃劍鋒，戳刺得心在滴血。

想，爲了證實自己還活著，還有血可滴，呂牧決定繼續往下想。

他坐正身子，顯然是爲了抑制飢餓胃腸的翻騰。呂牧集中心神，眼前開始映出一些形象來，從塊狀到圓形又到條狀，從一片迷濛到湖光山色，人影在遠處晃動，慢慢移近，有了頭有了肢體有了五官，怎麼又是你？

「小葉！」

呂牧失聲叫出，只覺得頭暈目眩。他突地站起，天旋地轉，身子向前傾倒。靠在牆旁，他流淚了，卻不知是爲自己，還是爲小葉，還是爲……

窗外市場由淺而濃，而混濁。這是五月中旬，窩在市中心一條巷子的一幢四層樓房的底層，一架電風扇對於屋裡的悶熱，發生不了調節的作用，再加上老式房子的窗小，七八個人在一起辦公，這滋味眞不好受。而呂牧在這裡窩了已到一年，如今看樣子怕已不能再窩下去了。雜誌的銷路不好，資金的回收率低，投資人在唉聲嘆氣，做伙計的能不早作走路的打算？有一陣子，投資人還想過變通的辦法，把雜誌的內容朝著合乎消費者口味的方向調整一下，他對呂牧說：

「老呂，你看花一點行不行？」

呂牧能說什麼，當然是：「行。」

可是，另外幾位仁兄都說：「不行！」

意思是：如果花一點，他們就走路。投資人本來也不打算堅持自己的意見，畢竟是規規矩矩、乾乾淨淨的文化人，幾年來心血的投注，才掙得一點清譽，讓它保持完好吧！

這個決定，也就是說，雜誌如果不能再維持，就停刊拆伙。

想到自己又要捲舖蓋走路，又要找朋友家掛單，又要東奔西跑、焦頭爛額、低聲下氣，去找一件差事……呂牧惶恐極了。不過，他沒有向小辛提起，昨天與小辛相處大半天，他信守了出門前對自己的承諾，不提這件事。他分析過，小辛的處境不比自己好，又將退伍下來，恐怕連自己也照顧不過來。再說，小辛沒有社會關係，跟任何人扯牽不上。這一點，還不如自己，自己多少還認識幾個可以拉拔一下的人物，雖非三頭六臂，卻在這個社會兜得轉。

呂牧的情緒在這多重周折中起伏，對於由淺而濃而混濁的市聲，沒有立即的反應。

直到雇來打掃辦公室的歐巴桑在門口出現，他才從昏沉中微醒，掏出手帕，慌忙擦淨淚痕，只覺得屋外的車輪滾轉，全從自己的身上輾過。

他出了門，走向隔巷豆漿店。心想，也許該到小辛那兒跑一趟，昨天對小辛太殘忍，他一直向自己討教，自己卻只顧喝酒，說一連串沒用的話。呂牧覺得，這些年來，似乎一直沒有回報小辛對自己的尊敬，他不明白，小辛究竟對自己還懷有幾分好感，是眞誠的嗎？還是作僞？

在吃著早點時，呂牧又想，實在不應該懷疑小辛，所以，他決定去吉林路。

五月天的空氣中的惡臭，散佈在都市的每個角落，而吉林路尾的這一帶，似乎更濃重，據小辛說，這是因爲西有新生北路的大排水溝，東北有淤塞的基隆河。不過，在這兒三年多，一切也就習慣了。小辛甚至覺得，這兒除了飛機臨空時的嗡嗡聲，比起市中心各個鬧區，安靜得多。再說，門前的一大片待建的空地，還種著綠油油的空心菜與芋頭，細菜的空心菜與大葉的芋頭，相映成趣，夏夜蛙鳴不息，這不是都市中每個人都能享受到的，即以呂牧來說，他就享受不到。

不過呂牧似乎不重視這些，什麼生活的情調？爲了謀生，誰顧得了這些！

呂牧在午飯以前到達吉林路，這天趙老大與張甸都在，見了面，趙老大仔細打量呂牧一番，然後說：

「怎麼啦？呂牧，你今天沒有把皮鞋擦亮？」

這本是調侃，朋友之間的常事，而呂牧因爲心情不佳，以爲趙老大話中有刺，立刻拉長了臉，不悅的說：

「你這老小子，說話客氣一點！」

趙老大是聰明人，連忙說：

「別當眞，算我出言無狀。你請坐，咱們好久不見，好好聊聊。」

呂牧依言坐落，接過張甸遞過去的香煙，點燃後，自嘲的說：

「我是無事不登三寶殿。」

聽了這句話，小辛暗自吃驚，心想，會有什麼事？他昨天怎麼不說？難道是臨時發生的？不會是，又給炒了魷魚？

因爲有老大與張甸在，小辛沒追問，等待著呂牧自己解釋。就在這等待中，室內的空氣顯得凝重起來，幸而機敏的趙老大看了看手錶，習慣性的雙手合攏，搓著搓著，一面說：

「咱們去解決民生問題，這樣吧，羅漢請觀音，張甸，小辛，我，三一三十一，我帶你們到一家貨眞價實的小館子去，有海鮮，有川味，任君選嚐。」

老大的語氣常常是半命令式的，張甸與小辛都聽習慣了，所以兩個人一致跟進。然而，想不到呂牧卻提出異議，他說：

「我有事來找小辛，不想叫兩位破費。」

「這是什麼話！」老大提出反異議：「小辛的事也是我的事。」

這話說得很「四海」，不過，事實大致如此，趙老大身爲組長，年長小辛五歲，又有寫詩的共同愛好，他對小辛的照顧確實周到。

呂牧雖想再次推辭，卻已被趙老大一手搭上肩膀，推擠著出門。

「走吧，」趙老大一面說：「就算是我嘴饞，你陪我去喝兩杯。」

小館子就在附近，店面不大，倒還乾淨。

菜是趙老大點的，酒嘛，呂牧喝雙鹿五加皮，趙老大喝啤酒，他本是海量。不過：「我下午有個會，不能唱關公，來點啤酒意思意思。」

說著，一杯啤酒進了肚。張甸也喝啤酒，小辛只好陪著呂牧喝五加皮。

酒過半巡，張甸終於開腔了：

「呂牧，你編的畫報能不能送一份看看？」

「能，你要多少份都能。」呂牧爽快的說：「庫房裡堆了一大堆。」

「怎麼，銷路不好？」趙老大關心的問：「不是水準很高嗎？」

呂牧沒有回答，小辛覺得不解，爲什麼不回答呢？彼此喝了一陣悶酒，呂牧終於忍不住，有些氣憤的說：

「這年頭，水準的高低全在衣穿得多少，光屁股的小妞最吃香，人家說，××畫報說的都是空話，沒有水準。這個人有他的欣賞尺度，問題是，這個人的欣賞尺度，在我們看來，似乎不怎麼夠格，可是，私底下贊同他的人，數目還眞不少！你能奈何得了？」

「這麼說——」張甸似乎在找適當的措詞，沉吟一回，才繼續說：「你們的畫報也要向下看齊，香艷肉感一番啦？這倒好，很合我的胃口——」

「去你的！」趙老大以組長的威嚴喝斥：「這有什麼好？讓你眼睛吃冰淇淋，乾過癮？」

「乾過癮也不錯呀！」張甸嘻皮笑臉，半認眞的說：「男人嘛，那個不好此道？」

小辛很了解張甸，不過是說說而已，但他怕呂牧誤會，認爲張甸眞是如此。所以，小辛認眞的說：

「好了，張甸，不談這些，你要看畫報，我們吃過飯就跟呂牧去拿。」

暫時冷落了下來，趙老大爲大家斟酒，又叫大家動筷子。在餐桌上，趙老大頗有幾分「當仁不讓」的氣慨，他愛吃什麼就吃什麼，從不扭捏作態，所以，有些朋友願意跟他同桌，因爲這會引起食慾。

可是，呂牧有心事，這頓飯他幾乎只喝不挾菜，二十分鐘下來，小辛只喝了一小杯的五加皮，酒瓶已快見底了。

因爲是中午，天熱，下午又要繼續辦公，趙老大沒叫伙計添酒，他喝乾最後半杯啤酒，宣布說：

「酒，到此爲止，菜，不夠可以再叫。」

呂牧卻有異議，他說：

「小辛再陪我喝一瓶，這瓶酒錢，我付。」

趙老大開始憂慮起來，不是會賬的問題，而是，呂牧懷著心事，再喝下去，會鬧事。但是，又不能不讓呂牧再喝。他想了一回，站起身，習慣性的合掌，搓手，又搓幾下，才說：

「好吧，只加一瓶，你一半，另一半我跟小辛陪你喝。」

協議通過，等伙計送來酒，趙老大開始認眞執行，他把這瓶酒先倒出半瓶在喝空的瓶裡，然後一瓶遞給呂牧，一面說：

「你喝你的一份，這半瓶我來管制。」

怪不得有人叫他「趙大媽」，小辛看了趙老大這番舉動，心想：原來你還有這麼一手。這一點，張甸早就見識過，也親身領受過。那年，在馬祖，趙老大是廣播電台一台之長，張甸是小小准尉編輯官。一向把自己「看扁了」的張甸，對自己的前程看得很淡，從來沒想過升官的問題，可是，趙老大可沒忘記應該給張甸升一級，他千方百計爲張甸安排機會。終於，機會來了，戰地辨幹訓班，趙老大爭取到一個學員名額，把張甸送去受訓。最初張甸還不大樂意，嘀咕著，這麼大把年紀，還去挨訓，再說，睡慣了懶覺，進了幹訓班，六點不到就吹起床號，眞不是味兒。可是，經過趙老大婆婆媽媽的一番道理，張甸一想，這樣也好，不受訓升不了官，反正軍隊裡還有得幹，受了訓升了官再說。他也很感激趙老大，沒想到這位一台之長平常跟部下嘻嘻哈哈，外表看起來粗枝大葉，卻細心得很。這還不說，還有更令人感激的，在幹訓班，不管你什麼來路，也不管你是那條路上的英雄好漢，只要你進了門，就得規規矩矩，要你幹什麼就幹什麼。張甸有點吃不消，尤其是美化環境，拿空酒瓶來作擺設，沒有空酒瓶，命令學員到處去找。張甸老大不願意，假日回電台，見到趙老大就發牢騷：

「什麼玩藝兒，我是去受訓，不是做苦工！還要繳空酒瓶，我又不開雜貨店，叫我去偷呀！」

等到趙老大問明一切，笑著拍拍胸脯說：

「你要空酒瓶是不是？我找給你。」

難題算是解決了，不過張甸不盡滿意，嚷著要退訓。儘管如此，趙老大還是很有耐性，習慣性的搓手。

「老弟，」他笑著說：「不要把自己看作大少爺，專門想過舒服日子，訓練班嘛，目的就是要訓訓你這號人物，怎麼，憑你這兩套，會對付不了！」

這是激將法，也是調侃，因爲張甸早就認命了，認的是一輩子窮命——叫化子命。這麼一來，倒是不能不受下去，免得將來趙老大會說：說你是大少爺，沒錯吧？張甸作了決定，不發牢騷了。趙老大也兌現承諾，找來了不少空酒瓶，不僅如此，以後每逢假日，張甸一回電台，趙老大就聞聲而出，大聲說：

「酒瓶給你準備好了。」

趙老大就是這麼一位大老好，跟他在一起混過的，都欣賞他這一套，這假不來，而趙老大也不跟自己這夥弟兄作假。現在，他正執行著自己下達的管制令，小心翼翼的斟著酒。

「這是你的，」他把一杯酒遞給小辛，自己端起一杯說：「這是我的。來，咱們三個乾一杯。」

小辛勉強乾杯，呂牧爽快的一口喝盡。趙老大把空杯晃了一下，究然嚴肅的說：「呂牧，你喝酒很乾脆，我很欣賞，可是，你做人不乾脆，我不欣賞。」

這是怎麼回事，突如其來的這一著，小辛納悶著。呂牧也甚感意外，不過，他還能保持冷靜。

「老小子。」他說：「我不太明白，你指我那一方面不乾脆？請你指點指點。」

「好，」趙老大態度決斷，搓了搓手說：「你今天來，一定有心事，可是你到現在還悶著不啃，這就不乾脆。」

「你怎麼看得出來？」張甸插嘴說：「人家又沒有把心事寫在臉上。」

「嘿，這你就差了半截，」趙老大頗有把握，語調提高一度：「所謂察顏觀色，耍筆桿，總有點觀察的功夫，你看呂牧，頭髮不梳，皮鞋不擦，鬍髭也沒刮，他平常會是這副模樣嗎？」

厲害！張甸心服了，沒再向趙老大挑戰。不過，小辛並不怎麼服氣，因為呂牧昨天還跟自己相處大半天，如果有心事，怎不透露呢？再說，這些年來，呂牧的際遇，反反覆覆，實在也讓人弄不清，究竟是怎麼回事，所以，也無所謂心事不心事。不過，話又說回來，呂牧今天倒眞有些不同往常，頭髮不梳是其次，竟連鬍髭也沒刮，這對重視儀表的呂牧來說，確實反常。

莫非呂牧眞的有心事？小辛慄然的想。

呂牧這方面，覺得既然讓趙老大點破了，又何必再隱諱？他喝了半杯酒，潤潤喉嚨說：

「我的心事，其實，這也是，也是——」有些難堪，遂又將剩下的半杯酒喝下，藉以壯膽：「朋友們都知道，我這些年，什麼名堂也沒有混出來——」

「怎麼回事？」張甸有些不耐煩，問著：「畫報社不能混啦？」

小辛也沒有料到會是這情況。

「你眞差勁！」趙老大又逮著機會，臭起張甸來：「剛才你還想看光屁股小妞，可是，人家老闆不會降格以求，那怎麼辦？銷路不好，辦不下去，只好關門大吉。」

事實確是如此，呂牧來找小辛，雖不是來告訴他這一點，可是，這總究會讓小辛知道，現在趙老大代他說出，他心裡反倒舒坦多了。

但是，小辛還不完全相信，他問呂牧：

「畫報眞要停刊？」

呂牧點點頭，事情終於肯定了，小辛爲呂牧難過。他算算呂牧到畫報的日子，不過一年，才安定下來，卻又有變故。

往後怎麼辦？難道又去向朋友伸手？

呂牧自己也想著這問題，不光采，想起來總覺得臉上燥熱。他實在不想再飄蕩了，二十多年，夠了，三十多歲的人，怎麼好意思再如此混日子？可是，求安定，談何容易！朋友們幾近一致的批評：貪杯誤事，然而，這一年，工作上一直很認眞，上班時間不喝酒，這信條始終謹守，卻還是得捲舖蓋。是命定中的嗎

呂牧不想找答案，他苦笑著，打破沉默說：

「也許會有別的投資人。」

這是自慰，張旬不以爲然，問道：

「會有這種呆瓜嗎？做賠本生意？」

「說不定會有，」趙老大接應著：「錢多，辦個雜誌過過癮，當然，格調得變一變。」

「你是說變黃？」張旬說：「可惜我沒錢。」

「這倒不一定，」趙老大答腔：「要看那人的口味。」

小辛聽不下去，有點激動，提高聲音說：

「好啦，別打岔了！老大，你替呂牧想想辦法。」

「我？」趙老大站起來，又搓手了，一面說：「難哪，我留意就是了。」

也算是交代，小辛端起杯，舉向趙老大：

「我敬你一杯。」

「爲什麼？」

趙老大問著，端起杯子。

「喝了再說。」

小辛豪爽的一口喝盡，趙老大不能不喝。

「好小子，」喝完，大聲說：「說個理由吧！」

「爲你剛才那句話！」

「剛才！」趙老大故作不解：「那一句？」

「裝什麼蒜！」張甸有了反擊機會抓住不放：「你沒喝多吧？」

趙老大沒回手，心想，呂牧有才氣，辦事能力也不弱，問題是：貪杯，酒後使性子。雖然如此，他還是在經過一番考慮後，爽快的說：

「我會留意的。」

這頓飯就這麼結束。飯後，趙老大去赴會，張甸回去寫廣播稿，小辛送呂牧回去。在計程車上，呂牧說：

「我是來看你的，昨天夜裡，我一夜沒睡，想了很多，尤其是葉昌平。你知道，我把昌平和你，當自己的弟弟，可是昨天，你來找我，我對你什麼幫助也沒有，今天來，本想向你解釋，誰知道，又來吃你們一頓……」

聲音越來越低沉，最後那一句，小辛沒聽見，不過，他是了解的，所以他說：

「朋友嘛，彼此了解最重要。大哥，不要爲我操心，倒是你，如果畫報停刊，怎麼辦？」

「我很茫然，」呂牧說：「我不知道該怎麼振作起來，還有，什麼叫做振作，什麼又叫做不振作？」

小辛更茫然了，什麼也沒說。

五

這種茫然，很難說得清。對自己，對呂牧，對許多人，對事，對物，對過去、現在未來，甚至對即將邁入的社會，對所謂人生追求的目標，對所謂的「神」。

小辛的心情，在退伍前的一段日子，陷入惶恐、疑慮、焦燥、困窘與虛幻。

他避免想呂牧，畢竟，先要爲自己打算，解決自己的問題。朋友中，他尊敬與信賴的，是遠戍東海岸的「歪公」，他始終認爲石見有理想，而且能夠有所堅持的尋求自己的理想，不是羅曼蒂克的，而是嚴肅的，悲情的。在這條路上，孤獨是難免的，痛苦也會跟著來，鬼魅似的躡足在身後，冷冷的抽你一鞭。

石見的婚姻幾經波折，也帶些悲情的酸澀，有人不能諒解，有人卻給予祝福，小辛從未表示什麼，只深信他們會得到幸福，即使在憂苦中，也會有淡淡的相視一笑，彼此得到那慰藉。

小辛與石見維持十天一封信，在第三次通信中，小辛透露了茫然之感，結尾寫道：

「……………

我相信自己也可以灑脫起來，比如像××，可是僞裝網遮住陽光，最後又如何呢？

對於寫詩，我不認爲『詩人是天生的』那種說法，天生——被定了型，日後生命成長過程中的那一切都不要它們嗎？要有使命才行，這是不可卸脫的責任。問題就在這裏，什麼使命？如何感應？又如何反映在詩中？

可以這麼說，我還在找屬於自己的那顆星，還捉摸不住自己，又如何體認外界的一切，那末，我說使命，豈不只是個空洞的架構？

……」

石見隔了半個月才回信，他寫道：

「小辛：

關於你的煩惱（不是茫然，不過除煩惱之外，想不出妥當的字眼），我的看法是這樣：你應該歸咎自己。

我持這一說法的理由如下：

第一：你尙未對自己及對事物作確實的估價，爲什麼呢？因爲——你是知道的，我們並不能依照自己的意志，把自己塑造成形，而我們，卻是多麼希望加諸身上的束縛能放鬆一些。塑造自己，其過程就好比羅丹從事他的藝事，他不是盲目的進行的。

你或許以爲自己已經看清了眼前的事物，但是對事物的精神內貌，是不能夠以一種判斷的方式來看的，必須深入，必須身歷其境。我並不是說，這個社會的精神內貌，是如何值得我們深入探索，但如果不窺見它的內裏形狀，而僅在事物的外在繞圈子，以爲自己是這個那個都明白了，那是不夠的，這樣的人太多了，我不願你效法他們；因爲擺出這樣的生存姿態，對我們來說，是可恥的。

第二：我何嘗喜歡俗語說的『紙醉金迷』的生活，那是天堂嗎？我們社會的最後結構，如果建立在這樣的天堂形式之上，是可悲的，讓我們鄙棄它吧。

我現在唯一想著的，對於這社會，我希望它的部份腐敗，只是一種過渡，而不是長遠的，這一點，你也該有此堅信。

誠然，鄉村也感染了都市的腐敗風尚，但是，我堅信綠色是沒有什麼別的色彩可以代替的。現象叫人迷惘，我還是堅持原先的看法，不要管現象怎樣，讓我們甘於清苦，從塑造自己著手，爲我們周圍的人，盡力作出一點小小的貢獻吧！

第三：我近來忙於看海，東部的海與西部的海有很大不同，我要用點功夫看出兩者之間的不同處，並用以寫出點東西來；這也許是你所歡喜的。

談到寫作，我有這樣的想法，就是在創作前要保持高度的熱情，而於創作時予以適度降低，否則，多少美妙的意象將爲你的熱情熔去。但在創作後則必須有一段非常冷靜的時間，以發現我們的作品是否有缺失，或在什麼地方點一個『龍睛』之類等等。

今天大多數人便是由於他們缺乏熱情而沒有了創作；如果我們不能像一個母親熱愛她的兒子（不論兒子多麼難看）一般，去喜愛我們自己的作品，我們便再也創作不出作品來。

我以爲一切的創作藝術其目的都在企圖找出生命的原質，甚至今日的自然科學其最高目的也已摒除製造機械人而以創造一顆細胞爲理想了。創作的使命就在這裡：爲人，爲生命。

最後，我要強調，把明朗還原爲明朗，晦澀還原爲晦澀，而且按照我們自己的氣質去從事創作吧！

以後再談。

你的老友　石見」

在給石見寄出第四封信後，等待中的退伍令下達，生效的日期六月一日，算算日子，還有十七天。從三十七年九月二日到五十八年六月一日，整整二十年又九個月，漫長的歲月，小辛說不出是依戀還是惋惜，他要儘量保持冷靜的回想一番。

現在，他要做的，是如何解除心中的茫然之感。這茫然，在心中凝結著，似乎漸漸取代了「心」的位置。

小辛決定把一切擱下，到街上走走。

搭上零北公車，又轉搭零西，小辛到了萬華。這是燥熱的午後，他轉入那條花街，萬般無聊的又轉出來。

「爲什麼來到這裡？」自問著，沒有任何答案。他知道，自己不會來找這麼一種發洩方式。

「那末，來幹什麼呢？」

他又茫然了。難道說，眞的相信了「亞瑪」這本書上所說的：

「你認爲自己的生命卑微、低賤是嗎？你去過那個名叫『陷坑』的地方沒有？去看看吧。有一種人，也許是你所沒有看見過的，她們幾乎是——沒有生命的。」

是爲了來「看看」，來求證，自己生命的卑微，較之「陷坑」中的「她們」，要「高級」得多？難道這樣就得到安慰了嗎？

「豬！」小辛罵著自己。

他彷彿清醒了些，想著：自己根本就不了解「陷坑」，至於「陷坑」中的「她們」，更是完全陌生。那末，所謂的「卑微」、「低賤」，自己是沒有權利來加以判斷的，而自己生命的卑微，嚴格說，那也只是一種假設。難道要認定這種假設，不讓生命投入寬廣的路上去？

小辛離開萬華，步行到新公園，前些年，患著肺疾的那段日子，每當從林口下山買藥，他常到這兒來消磨一個下午。他找到那時常坐的一個石椅，想起那段日子生命中不服輸的精神，不覺臉紅起來。

究竟爲了什麼呢？這一年多來，總是喪魂落魄的，在一些虬結的意念裡打轉？

他忽然想起石見，在東部海岸，守著自己的信念，強悍的迎風而立的身姿，腦際隨即亮出一位詩人曾寫道：

痛苦是一種危險的營養
如果長久地咀嚼
這份傷心的茶點
我們會增加精神的鈣質
但是——
它也會使我們的骨頭
變成海綿呀！

你要做軟體的生物嗎？

「不！」小辛回答。

痛苦是一種危險的營養，它不僅會我們的骨頭變成海綿，也會使腦中滋生仇恨的情緒，而我——小辛想，我不要那種仇恨。

恨什麼？又跟誰有仇？如果對自己的選擇，在經過二十年時間的考驗，還不能加以肯定，還活著幹什麼？小辛坐在新公園一角，決心把自己這些年來的一切，作一個小小的總結。

軍旅生活二十年又九個月，太多的事物值得珍惜，如今，即將卸脫軍裝邁入另一個生活境域，這是一件大事，關係到三十年甚至四十年後的自己（如果自己還能活那麼久的話），可輕忽不得！

午後四時的新公園，人影稀落，小辛抬頭看向無雲的天空，陽光耀眼，突然他發覺偌大的天空中，有一些人臉飄浮，看不清他們五官，一張張人臉由遠而近，一忽兒就碎裂消失，就像肥皂泡沫。

他們是誰呢？

低下頭，似在逃避，小辛企圖想些別的來取代，然而在地面上，在地面上的小草叢中，在小草的每一個葉片上，那一張張人臉張掛著，像露珠般透剔晶明，小辛認出那些人臉來。

「啊！」他叫出一聲，跌入回憶裏。

這是黃剛，這是范喜仁，這是周成元，這是……在華北平原，這些位弟兄的生命埋在厚厚的積雪中。那是小辛第一次經歷戰爭，血肉模糊的戰爭，小辛連敵人來自何處都弄不清。錯愕、慌亂、膽怯，交雜成心中一片空茫，他盲目地扣著槍機，驚嚇得褲襠都濕了，在零下的氣溫，隨即凍結成冰，他知道這是尿，然而這又有什麼羞恥的呢？是本能的反應，但凍結在褲襠的滋味，令人難堪。僅僅是一個多小時的拂曉攻擊，令小辛經識人生的冷酷，黃剛倒下了，接著是范喜仁，再接著是周成元……生命在那一個多小時中，竟那麼脆弱。然而，小辛不能理解，這是爲什麼？

說來眞不知該如何解釋，小辛穿上軍裝，是那麼偶然。只因爲不滿意繼母的管束，他離家出走，本來想去鄉下投靠外婆，卻在上海北火車站，登上開往北平的列車，滿車廂的年輕人，通姓報名後，大夥兒就熱絡起來。誰不爲「免費遊覽北平」喜上心頭呢？卻沒想到，一路顚簸來到北平後，卻都換穿了軍裝。當然會有人口出怨言，但小辛安心下來，不過他怎麼也料想不到，在短短的三個多月訓練後，這支部隊就拉上戰場。小辛編在步兵連，另有一名同從上海來的伙伴編在同連的第三排，小辛是第一排，也許是長得矮小機伶，排長命他充當傳令兵。這位馬排長身材高瘦，說話慢吞吞的，對小辛倒很照顧，不過，他沒有告訴小辛，部隊拉上戰場，是去打什麼敵人。說實在的，在都市裏成長的小辛，怎麼知道共產黨的爲害國家？然而，人的認知，不會永遠停留在一個階段，自從那次戰役後，小辛對敵人有了認識，倒不是黃剛等人的陣亡，而是敵人的兇險。

…………

這是焦大年，這是王隆源，這是于同生……又一群弟兄，在浙東戰役中倒下。小辛在這個殘酷的事實中成長，他已經不是一個十六歲的孩子。

馬排長已升為機槍連副連長，他把小辛調了去，充任下士機槍手。那時部隊調防登步島，戰雲密佈，據說盤踞桃花島的敵人正準備發動攻擊。登步島位居要衝，如果一旦失守，將嚴重影響沈家門的安全，所以，戰備命令中特別要求「與陣地共存亡」。

戰備的氣氛令人窒息，尤其在光禿禿的砲台山上，時間就像鎖鏈一樣，把人給緊緊絞細了起來，每一秒鐘都能體察到它的沉重壓力。這一天，小辛與一個名叫王勛的弟兄在陣地裏玩五子棋，畢竟是童心未泯，兩個十六歲的小兵玩著玩著，不知為什麼吵了起來。最初是你一言我一語的口角，慢慢的變成咒罵，最後一發不可收拾，竟對打起來。幸而馬副連長適時前來巡查陣地，立刻予以喝止。兩個打架的都受了點皮肉小傷，低著頭聽副連長訓斥：

「這還像話嗎？下著五子棋打起架來，我告訴你們，省點力氣吧，留著敵人打來，再給我去拚命！」

聽口氣，這一仗是難免的，不過，小辛不知道，敵人的攻擊行動會在什麼時候展開。

兩個小兵不幹架了，不過，心裏彆著一口氣，兩人誰也不理誰。說起來，小辛的階級比王勛高，王勛是上等彈藥兵，小辛雖然是下士機槍手，但是他對笨重的馬克沁重機槍一點也不會使用，所以也是個搬運彈藥的，並兼負通信兵任務。

時間難挨，在等待敵人攻擊的情況下，小辛體會到「度日如年」這句話的另一層意義。他胡思亂想著，眼前一忽兒出現了家人的面像，一忽兒又是焦大年、黃剛等人。他也想到如果自己挨了子彈，該怎麼辦？這問題是沒有答案的，除非一槍擊中要害，把一條命還給大地。

夜幕在胡思亂想中徐徐降落，終於，在苦苦等待中，情況發生了，敵人趁著大潮時攻來，揭開了登步戰役的序幕……

奶白的、鐵青的、鉛灰色的雲團，捲曲著、追逐著、集攏而又分散著。太陽時被遮沒，時而又衝出雲層，以一種君臨一切的姿態俯瞰大海。海風強勁，巨浪拍響著沙灘與石崖，彷彿在爲這場戰爭，奏出助威的樂章。

這一刻，敵人的第一次攻勢已被我方密集的火力壓制下來，槍聲漸趨稀落，我方的各個陣地，終於穩固下來。

嚓的一聲，馬副連長點燃雙斧牌香煙，小辛看著他吐出煙霧，隨即聽到他沙啞的聲音：

「狗肏的，怎麼不來了呢？」

話聲方落，一連串砲彈發射聲，「嗖」「嗖」連串從頭頂掠過，接著是爆炸的聲音。

「來了！」

副連長叫出一聲，把香煙扔掉，命令的說：

「就射擊位置！」

弟兄們依言行動，小辛的身側是能征慣戰的機槍手文呈祥，他緊握槍把，全神貫注的俯視山腳下，臉上的肌肉抽搐著，彷彿在說：

「來吧，兔崽子們！」

馬克沁水冷式重機槍給人冰涼而又威厲的感覺，在槍身右側，王勛手執子彈帶，緊咬下唇。

空氣濃縮著，陽光的熱力在增加，小辛微喘著氣，等待敵人的攻來。在華北平原與浙東的兩次經歷以後，他對於戰爭已不再畏懼了，既然身為兵士，就應該投入戰爭，而且，他也已認清，這戰爭，已不是個人的生或死，而是關係到國家的存或亡。這都是在馬副連長的日常談話中，慢慢體會出來，然而，當他扣動槍機時，又不免心悸，會是什麼人死在自己的槍下？這問題，是一個難解的結。

小辛苦想著，突然，副連長的聲音響起：

「在想什麼？」

他不知道副連長在問誰，看著那張飽經風霜的臉，小辛正欲開口，副連長的手伸過來，拍著小辛肩背說：

「在戰場上，一心不要二用。」

這是叮嚀，也是經驗之談，小辛接納這番善意，轉臉注視前方。

又一陣砲彈「嗖嗖」掠過，小辛抬頭看看天色，又平視遠處的海，雲團在海天一線間密集，沙灘上，人影在匆促的移動，這是敵人華東野戰軍的一部，他們在整頓，作攻擊發起前的重新部署。

這將是殊死的決戰。拂曉的那一戰，他們雖然攻佔了灘頭陣地，卻吃了大虧，千百人被誘入袋形陣地，在我方密集火力下傷亡殆盡，所以，可以料想的是，第二次攻勢，將會在袋形陣地之外，以「人海戰術」強攻我方的重要據點，而砲台山，無疑是第一個目標。

小辛絲毫不懂戰術的運用，這是長官們動腦筋的事，身為士兵，在這場戰爭中，唯有以求死之心來得生。小辛只記得團長的一句話：「死守砲台山！」

「死守砲台山！」團長的音斬鋼截鐵般打進弟兄們心坎，他強有力的手勢是大夥兒慷慨赴死的指標！小辛想著昨天團長訓話的那一幕，頓覺臉上燒熱，眼中充滿血絲，且噴射不容侵犯的烈燄。

是的，小辛想，弟兄們一定個個如此，求死得生，我們要用血淋淋的身軀，與砲台山合而爲一。

山，石塊組成的砲台山，光禿著它的頭部。它是三面懸崖，只有南面一個斜坡。這山上除了一些雜草，沒有別的生物，但在我們據守的島上，它卻是這座小島的精神標誌。它標高四百公尺，是全島的最高點，不僅控制全島，更可遠望敵岸的動靜。

堅實、硬朗，砲台山是擎天一柱，而我們—正如團長說，我們是這山的兒子，要像保護自己的父親不受侵犯般的捍衛這座山。

砲彈再次掠過，接著是密集的槍聲，敵人發起第二次攻勢。一波又一波敵人急竄而來，沿著袋形陣地外緣，向砲台山掠近。弟兄們屏息著，手指伸入槍機，貼近板扣。山腳下的步兵連弟兄，已與敵人接觸上了，小辛的心在跳，血在沸。

「怎麼還不下達射擊命令呢？」

是王勛的聲音，小辛聽得很清楚。這小子，等得不耐煩了，其實，自己的心中早就被焦燥佔滿。

山下槍聲密集，敵人以數倍於我的兵力，暫時取得了優勢，這時候，電話鈴響，從另一個陣地傳來的命令：

「集中火力，向山下的凹部射擊！」

咯咯……重機槍發出怒吼，在一陣猛烈的掃射之後，敵人的攻勢被暫時壓制，爲了節省彈藥，副連長揮手下令，停止射擊。

就在這一刻，槍聲連串響起，敵人的敢死隊在火力支援下衝過凹部，逼近砲台山，弟兄們等待副連長下令射擊，但他卻不揮手。小辛急得張著口，一句話梗塞在喉頭。

「副連長，你怎麼還不揮手呢？」

他想喊出，卻沒有力量。小辛合攏嘴唇，牙齒緊咬，盯視著湧來的敵人。嗖！嗖！子彈從頭頂掠過，迫擊砲彈落在山腰上，轟隆一聲，揚起一片沙塵，碎石子濺飛而來，落在陣地四週。近了，敵人的尖兵已竄到有效射程內，揮手啊，副連長，你怎麼搞的？

往山腳側看去，黑鴉鴉的一片人影，敵人顯然已取得優勢。

「來吧！」小辛聽見副連長大聲吼出，但他的手仍沒有舉起。

「報告副連長，幹吧！」是文呈祥的聲音，這老兵油子也沉不住氣了。

「再等一等。」

副連長輕聲說，雙手端起司登式衝鋒槍。

「副連長——」文呈祥叫著，早已找好目標，等待命令的下達。

噠噠噠，敵人的槍聲更密了，人潮已貼近山腳右側。突然，副連長驚叫一聲，小辛以爲他中彈了，猛轉身一看，卻見他的右手高高舉起，猛力一揮，立刻扣動衝鋒搶板機。

「狗肏的！」不知誰大聲咒著，副連長不加理會，一排子彈射出，擊倒了兩名敵兵。槍聲震耳，敵人紛紛倒地，後繼者怯於密集的火力，有的向後逃竄，有的就地仆倒找尋掩護。

小辛不知道自己有沒有擊中敵人，他放了一匣子彈，正待塡子彈時，突聞一聲驚叫，是王勛，他被一顆子彈擊中腦穴，倒了下來。小辛驚駭得不知所措，顫抖著，站起身來，啪的一聲，挨了一記耳光，被一隻手有力的拉倒在地。

「你不要命啦？」

是副連長，小辛倒在地上，只覺得四肢麻木，他張著嘴，語不成聲的喃喃著：

「王……王勛，他——王勛他……」

經驗豐富的副連長明白，這時候不必說什麼，說了反而不好，他輕拍著小辛的肩背，直到小辛把欲奪眶而出的眼淚強忍住，才端起槍向山腳猛烈掃射。

太陽又冒出雲層，熱燄灼人，敵人的二次攻擊又告頓挫，戰爭暫趨沉寂。王勛的屍體已被移走，對小辛來說，這不是文呈祥說的「走了也好，早死早了」那麼輕鬆。昨天他還跟王勛打過架，現在王勛卻那麼走了，走得老遠老遠。才十六歲呀，還有那麼長一段人生路途，如今呢？小辛不能不感到痛惜，但是，他自己的人生路途，在這場戰爭中卻也茫茫。

時間一分一秒的流走，午後一時三十分，敵人發動了第三次攻勢。他們調集了所有的重武器，密集射向砲台山，企圖壓制我們抬不起頭來。砲彈落在陣地四周，在山腰的一個突出部，有第一排宋排長據守的據點，此刻已被一陣陣砲彈轟擊著。副連長憂形於色，耽心著宋排長他們的安危，他命令小辛去探看。

「副連長，你這——小辛太危險了啊！」

文呈祥提出意見，副連長似乎成竹在胸，朗聲說：

「不會有危險的。」

一面對小辛說：

「到了突出部，要宋排長派個人來報告，你就留在那兒。」

小辛去了，突出部在一百三十公尺外，路程雖短，卻充滿殺機。小辛匍匐前進，山石滾燙，耳旁又響著噠噠嗖嗖的槍聲，躲過了一陣砲彈，接著又一陣。小辛不知是什麼地方產生的力量，竟能平安的到達突出部。這時候，天色忽然陰暗，一大片烏雲遮住太陽，敵人的猛烈攻勢在此時展開，更多的人群向山腳湧近，槍聲吼叫，沒入身後的空間。

「奶奶的，你們都上吧！」

是第二班高班長的聲音。山腰突出部的面積不大，是由三塊巨大的岩石所組成，其中的一塊成人形，像傳說中的鐵拐李，所以當地民眾都叫它仙人石，另一塊則像豎起的大拇指，就叫做一指石。在突出部建立陣地，不僅視界良好，足以鉗制敵人，而且巨石從三面環圍，對於敵人的火力，形成天然屏障，所以，當宋排長聽說副連長耽心他們的安危，帶點嘲弄的說：

「眞是多此一舉。」

好在小辛平安完成任務，但是，那位被派去的兵士，卻沒有小辛幸運，在半途受了傷。

突出部的目標顯著，更是敵人的致命傷，所以，敵人發了狠，集中火力轟擊，又派出一個加強排的兵力，強行攻擊。

噠噠……敵人推進將近一百公尺，宋排長一揚手，兩挺重機槍齊聲吼出，咯咯，咯咯咯……一下子就把敵人的攻勢阻遏。

突然，山頭上響起一連串砲戰爆炸聲，小辛的心一陣猛跳，叫出：

「副連長！」

他想衝出山去，被宋排長一把拉回。

「你幹什麼？」

重機槍急吼著，又是一陣砲彈爆炸，小辛分辨得清，這陣砲彈又落在山頭。他一個箭步竄出，身後留下宋排長的驚呼。他連爬帶滾竄上山頭，顧不得身上多處擦傷，喊著：

「副連長，副連長……」

山頭陣地中了砲彈，只見一片凌亂，小辛奔近，在血肉模糊中，看到受了傷的副連長，第八班班長李珍在一旁照顧，小辛叫著：

「副連長，你……」

副連長一見小辛，伸手揮來，由於失血過多，體力虛脫，這一掌只在小辛臉旁擦過。

「副連長你？」

小辛錯愕不解。

「滾！」副連長盡力吼出：「你要跟王勛、文呈祥他們一起走是不是？」

顯然，副連長生了氣。小辛被這連串吼叫驚醒過來，才明白自己的行動多麼鹵莽，眞是不顧死活。他避開副連長怒視，轉臉看去，馬克沁重機槍傾側在地，文呈祥滿身是血，躺倒槍旁，突又冒出雲層的陽光，無情的照射，小辛似發覺血的蒸發，一絲絲白氣騰起。

又走了一個，他木然地想，眼角有熱淚滴落。王勛、文呈祥，後來又走了秦漢生、方仁才……登步一戰，在小辛心中，勝利意味著連上伙伴的損折。

………

後來部隊到台灣，經過多次整編、集訓、駐防，老弟兄升遷調補，各自東西，大多都斷了音訊。偶而在某地相遇，互道別後究竟以外，也不免彼此探問，某人如何？某人在何地？小辛聽到的是：

「王雲和得了怪病，久治不癒，在醫院廁所上吊死了……」

小辛難以置信，因爲王雲和是個整天嘻嘻哈哈的樂天派。

「韓秉春……」

「韓班長怎麼樣？」小辛急問。

「也走了。」

「怎麼會呢？」

「砲校受訓，出車禍，一卡車人，就死他一個。」

這消息令小辛黯然。

「還記得在連上只共耽了三個月的樊排長嗎？」

「記得，」小辛說：「腰幹畢挺，神氣活現，一聲立正口令會把玻璃震碎。樊排長怎麼樣？」

「不說也罷。」

「你是說……」

「眞不值得，爲了一個爛貨。」

小辛想起這位「爲兵表率」的排長，眞想不通，怎麼也會走絕路？

就在這長遠的繫念中，從各方傳來的老弟兄的噩耗，使小辛在一段時日裏，變得非常消沉。他在成長中，逐漸經識多樣的人生。寫詩，就是在這段日子開始的，他覺得這是一種發洩，使得生命繃緊了的弦線，有了鬆動的餘地。而呂牧的出現，並成爲小辛日後行動的一種導引力，使小辛對於生死，得以從另一個角度來探討。

不久，部隊調防金門，小辛已離開步兵連，調到師部幕僚單位當文書。後來呂牧也來到金門，戰地相聚，別有深長的意味。然而，在某個因素下，呂牧的職務始終不安定，從步兵連到幹訓班又到通信連最後到迫擊砲連，短短一年裏四次遷徙，呂牧覺得委屈，有時比委屈更甚，是一種羞辱。他在給小辛的信中說：「三次受貶，我懷疑自己是不是還能忍受？不過，你不用爲我耽憂，這也僅止於懷疑而已，我會忍受下去；即使這對我是一種羞辱！」

小辛在服務單位，倒是很受上級的器重，長官曾鼓勵他進幹訓班，以便報升軍官，但是他自覺志不在官，他只希望能有較多的時間，用在讀書與寫作。

那時在金門有多位耍筆桿的，趙老大是其中之一，還有章山、楊鴻、張蛟等，有一年端午節前，這夥人到張蛟的第一線陣地聚集，吃張蛟的獎金。

清燉雞、紅燒肉、豆瓣魚、油爆蝦……菜色還眞豐美，酒是金門土產，六十度高粱，牆角旁一擺十二瓶，夠大醉一場。

聊著喝著品味著，一桌八條漢子，在酒上誰也不服輸，就這麼鬧了起來。趙老大的聲音最大，以次是章山、呂牧，在喝空了三瓶以後，不知怎麼回事，呂牧突然加高音量說：

「趙老大，你神氣什麼？」

趙老大被問得一頭霧水，放落筷子，問道：

「咦，呂牧，怎麼回事？」

「我說，」呂牧指著趙老大，一個字慢吞吞的說：「這裏八個人，你最神氣。」

「我神氣？」趙老大還不太明白呂牧的意思：「神氣什麼？」

「逍遙自在啊！」呂牧說。

「我逍遙個屁！」趙老大老立刻反駁：「上有社長、總編輯、編輯主任，弄不好官腔不說，還得軍法論處，呂牧，你來幹我的差使好不好？」

趙老大那時是「正氣中華報」編輯，在後埔一間民宅裏獨住，要不是聽他自己這麼一說，小辛倒眞認爲他的日子過得逍遙自在。可是，呂牧不信這番話，他以爲趙老大最後那一句，是有意挑戰，不禁動了氣，責問對方：

「怎麼，你以爲我幹不了？」

「呂牧！」沒等趙老大回答，作主人的張蛟一看事態漸趨嚴重，忙著打圓場：「不談這些，咱們喝酒，來，我敬你一杯。」

呂牧接受了張蛟的排解，爽快的乾下一杯。這時，章山也站起來敬酒，呂牧又一飲而盡，小辛沒有湊這場熱鬧，而呂牧卻舉杯向小辛，嚷著：

「小鬼，我們也乾一杯。」

接著是楊鴻，這位穩重的中校，一直默默的淺酌慢嚼，他喝下呂牧敬來的一杯，然後愼重的說：

「大熱天，大家少喝一點。」

這句話不知怎麼惹惱了呂牧，他竟一連乾下三杯，然後說：

「是的，報告長官，我不喝了。」

說著，坐落在水泥地上。這舉動使大家詫異，張蛟立刻過去扶他起來，他卻說：

「不要管我，我沒有醉，我喜歡坐在地上，我是第二等人，第二等人只配坐在地上。」

這是什麼意思？衆人互望一眼，都不曾答腔，也沒有採取行動。

「我是第二等人，我是第二等人……」

而呂牧，一直如此喃喃著，他是眞的醉了。然而，除了小辛，在場的人都不明白，呂牧爲什麼會醉。

這次聚會之後，張蛟、章山、楊鴻、趙老大，都調防回台，呂牧也去了大擔。金門地區戰雲密佈，不久之後就發生「八二三砲戰」。

金門，這把燦亮的出鞘的劍，不僅揷在敵人心上，它閃爍的光華更是故國父老兄弟的指引。「古寧頭之戰」、「大擔島之戰」、「九三砲戰」，敵人屢次進犯，卻始終奈何不得。小辛初來時，不喜歡這兒的黃沙一片，直到在進駐堤下一個多月後，登上碉堡後的小山，視野遼闊，寂靜中，似可聽見料羅灣的潮聲，他才發覺，這兒太多吸引人的地方。他不像充員兵，數饅頭、劃正字過日子，對他來說，這兒的每一天都得之不易，他要好好把握。然而，總有些不如意的事，常使自己煩燥，甚至對自己食言。他曾在日記上寫道：「……這是對自己不可多得的機緣，能夠來到金門，我要善用這段日子，讀書、寫作，磨練自己。我不是要成爲一座宏偉建築的一磚一瓦，一闋壯麗大合唱的一聲一響嗎？如果荒廢這段日子，我還會是一瓦一磚一聲一響嗎？」每次翻閱，總不免臉紅。

就在朋友星散，不斷自責的日子裏，小辛的生命被八二三砲戰，從低潮狀態提升。一百四十餘平方公里的土地，在四十四天中。挨了四十七萬多發砲彈，這土地是多麼強悍啊！那麼自己呢？小辛覺得，自己也要從各方面強悍起來。

砲戰中難免人員傷亡，小辛在陣亡名單中，發現了兩位老弟兄，這一次他的感觸不同，在痛惜之外，他覺得，自己有責任，要爲這些死去的弟兄，向敵人討回什麼。他強化了自己的意志，等待著，反擊行動的命令。

然而，八二三砲戰的次年部隊回台，小辛遂又進入人生的另一次歷練。

小辛的部隊進駐仁武營區，那兒距鳳山與高雄很近，假日，他不是到鳳山，便去高雄，倒不是口袋裏錢多，非把它花掉不可；他是去看朋友，想從他們的身上，獲得鑑照自己的作用。這幾位朋友都是小辛所欽佩與羨慕的，像是綽號音樂的王弦，一手詩寫得甜美甘冽，而又有深意，又如在兵工廠任職的黃平，待人寬厚眞摯，他的詩也寫得精緻。小辛覺得，既然選擇了寫詩，那就該痛下功夫，也許，往後轉入社會，這也是謀生之道。

他覺得要在軍隊之外，再找一個立足點：這並不是說，軍隊限制了他的發展，而是自覺地認爲，自己的性格與志趣，不宜在軍中發展。

然而，面對廣大的社會，不僅時有陌生之感，更感到恐懼。小辛在仁武營區爲這個問題苦惱。其實，這種苦惱還是在金門時開始盤迴心頭的。有一天章山約他去看趙老大，本來是「多日不知肉味，找趙老大，敲他一頓」，結果那大半天，卻十分正經的談起「往後該怎麼走」的問題來。當時是趙老大起頭，他很嚴肅的對兩位「老弟」說，要爲將來打算，多找機會充實自己。小辛對趙老大還不十分熟悉，不過，從幾次見面談論中，他發現，趙老大有兩個長處：反應快，把問題看得遠。他也明白趙老大的意思：軍隊裏不能幹一輩子，總要退下來，在另一個場合謀生，那末，不能不早作準備。小辛記得，那天章山似乎肯定的說，他要繼續讀書，至少在某一門學問上多下點功夫，以備進入社會後應用。（現在事實證明，章山做到了這一點。）小辛在那時尚很猶豫，並未肯定回答趙老大。然而，回到埕下營地，卻一直爲此苦惱，他檢討自己，總覺得一個唸書不成，僅具初中一年程度，而又舉目無親，毫無關係背景的人，轉入社會，充其量也不過只能圖個溫飽而已。

這是偏頗、消極的看法，小辛後來發現，當時懷著這個念頭，是完全忽略了「人」的因素，忽略了自我本能的因素：一個人只要有心，一切事物的障礙，都可予突破。有了這番心意，小辛決定，在部隊裏無論生活多麼緊迫，自己一定要排除不自在的感覺，從各方面充實自己。

他開始履行自己的決定，當部隊進駐嘉義縣境後，特地請假到台北，買了大批的書，計劃的閱讀。然而，當部隊在半年後調駐台北市，負起了衛戍的任務，小辛突然改變，耽迷於都市的五光十色，而在發覺自己寒囊羞澀竟而自暴自棄後，停止了自己的進修作業。

幸而，那天在台北街頭遇見趙老大，一見面，趙老大就以熱情但微帶呵責的口氣說：

「你怎麼搞得又瘦又黑？」

小辛說出了自己的不如意，其實，這所謂「不如意」，是自己製造的。趙老大是聰明人，而且，快人快語，他一下子點破問題的癥結所在。

「台北街頭多麗人，你目眩心迷是不是？」趙老大說：「老弟，這只是現象，我們不能叫現象給迷惑。我有一個建議，你接不接受？」

「什麼建議？」小辛膽怯的問。

「離開台北！」

趙老大說得果斷明快。

「離開台北？」小辛懷疑有沒有聽錯，追問一句：「離開台北？」

「不錯，」趙老大肯定的說：「當然不是逃避，只是暫時性的，讓自己清醒一下。」

小辛覺得也唯有如此，才能掙脫五光十色的桎梏，才能從迷惑中醒來，所以，他向趙老大提出請托。

「你把我調到林口去吧。」

本是試探性質，趙老大卻爽快的承當下來。

「我替你辦，你把資料寄給我，」趙老大朗聲說：「我沒有權，不過，我有八成把握。」

不久之後，小辛去到林口義士村，再隔不久，張甸來報到。娃娃臉袁寶也來了，相處得非常融洽。爲了共同切磋，趙老大還很慎重的，召集三個「老弟」，開了會，決定在竹林山寺旁租一間民房，設立一個「寫作室」，並取名爲「同溫層」。

林口的茶林，是他們幾個常去探訪的，那一片濃綠清香，對小辛來說，是能把他心中的雜念滌濾一清的。然而，那時趙老大與張甸去了馬祖，而小辛，也在同年十一月，去了別離一年又六個月的金門。

第二度到金門，一切都改觀了。料羅灘頭的黃沙雖仍滾滾，但各地的建設煥然一新，除了幾個保留區，已看不見戰爭的痕跡。

這就是進步，而自己呢？小辛要爲這個問題找答案，他在工作上付出了心血。

那時在金門的朋友，有管龍、伍大鳴、丁智與林雄。小辛記得，身爲汽車保養官的伍大鳴，第一次來找自己的時候，他們就一見如故，並且嚴肅的談問題。也許伍大鳴當時不太了解小辛工作的性質，曾問：

「這有效嗎？」

對小辛來說，爲了維護自己工作的尊嚴，他應該回以「有效」，然而，小辛來了這個工作單位才不久，還摸不清自己工作的性質，所以，他的回答是：

「應該有效。」

伍大鳴似乎不滿意他的答覆，追問著：

「什麼叫做應該有效？這太不肯定。」

小辛有點愕然，心想，剛認識的朋友，就提出這種問題，而且還要追問，這未免太那個吧？可是，再一想，小辛覺得欣慰，這朋友，爽直純眞，而且對問題有求知的慾望，有追索的精神，不僅可交，更是應該將心比心，去深入交往的啊！

想過這些，小辛坦誠的對伍大鳴說：

「很抱歉，我來了一個月，對自己工作的性質，還摸不清，所以，不能夠答覆你。」

小辛的工作是屬於政治作戰的領域，他是在經過一段時日的歷練，才了解它的性質，並深深喜愛它的。

儘管喜歡自己的工作，並且對這份工作自己的生命有了某種意義而心懷感激，但若嚴格審視，這卻並不表示自己對這份工作的性質已完全理解。

小辛在經過一段時日，並從心戰工作站調到金門廣播電台以後，想到這一點。於是，他覺得先前對伍大鳴所提疑問的答覆，不僅主觀，而且有些一廂情願。

在問題上，他從來不願自以爲是，何況，從各種條件來看，也沒有資格自以爲是，所以，對伍大鳴，他甚感不安，心想，伍大鳴會對自己那一番話，抱持怎樣一個看法？他決定要向伍大鳴解釋，卻沒有機會。

在心戰工作站時，與伍大鳴的營地相距不到一里，兩人常有見面的機會，調到電台後，距離遠了數倍，工作也加重了，見面機會相形減少。直到有一天，去心戰工作站洽公，完成任務後，小辛決定順道去看伍大鳴，才消除心中塊壘。

「還記得有一天你對我的工作提出疑問嗎？」寒喧過後，小辛迫不及待的說：「我是特地來向你再作解釋。」

「我提出什麼疑問？」伍大鳴似已忘了這回事。

「關於我工作的效果，」小辛說：「我當時給了你『應該有效』答覆，回去想了很久，加上這段日子對工作的體會，覺得還需要再加說明。」

「說明什麼？」伍大鳴不解的說：「有必要嗎？」

「這很必要，」小辛急切的說：「我那天的答覆，對自己來說，至今還有正面的意義，不過，坦白說，我對自己的工作，並不完全理解。」

「這是可想而知的，」伍大鳴終於明白，坦率的說：「譬如我身爲汽車保養官，但對汽車機件的性能，我並不完全了解。這個比喻也許不當，不過它至少說明一個事實，我們只是被安排在某種工作上，而不是生來就與某種工作有了聯繫，所以，我們要不斷學習，從學習中不僅與工作的聯繫更密切，也使我們對工作產生興趣，由興趣而產生信仰。我這麼說，你大概已了解我的意思。」

伍大鳴說到這裡，停頓一下，似乎在給小辛答話的機會，但小辛緊閉著嘴，於是，伍大鳴繼續說：

「那天，你回答我的疑問，破綻就出在你對你的工作還沒有密切聯繫起來，更談不上對工作產生信仰。不過，你並沒有錯，我們是人，人最善於保護自己，這包括對自己的工作，我了解你是在這種情況下說那些話的，所以，我沒有繼續跟你討論。」

「你說得對，」小辛終於開口說：「我今天就是來說明這一點，至於你對我那天所說的，同意與否，我並不想求取答案。」

「其實，」伍大鳴笑了一下說：「對這個問題，答案並不求其一時，要往長遠去看，而我呢？會試著深入了解你的工作，因爲我覺得，你的工作不是沒有意義的。」

有了這次溝通，小辛不僅覺得伍大鳴有智慧、深沉的一面，更覺得他的坦直率眞，是自己性格中所缺少的，因而深爲自己慶幸，又結交一位知己。

在小辛的了解中，伍大鳴不僅寫詩，也寫小說，可佩的是，還勤於學習英文。在心戰工作站時，有幾次去看伍大鳴，走近那間簡陋的營舍，其中傳來收音機中的英語教學與伍大鳴的朗讀聲，小辛就裹足不前，想著：要去打擾他嗎？於是，默默的轉身走回。

回來後想想自己，總是荒廢時光，便不禁臉紅。本來，在來到金門前，他就爲自己設想，在這一年中，要充實自己，不能再像第一次，兩年多時光，幾乎全虛度了。他安排了讀書計劃，臨來時，甚至四處奔走，向朋友借書，登上飛機前，還因爲行囊中書的份量過重，幾乎不能成行。這些揷曲，使他一到金門，更覺得讀書的可貴。然而，二個多月下來，讀了些什麼呢？尤其到了電台，兼具記者身份，竟覺得自己的生命彷彿高尙起來，不需要以求知充實，每天虛幌著，帶來的書，壓在箱底，都快蟲蝕了。這究竟是怎麼啦？小辛想著想著，深深嫌惡著自己。

幸而伍大鳴常來看他，使他保持部份的清醒，而不久之後，丁智來了，管龍也來了，接著是林雄的突然出現。

這幾位都是寫詩的同好，當然也都身穿二尺半。小辛與丁智是舊識，多年前在現代派結社時就曾見面，卻在一年前才論交。管龍卻是初識，這山東大漢，率眞得可愛，性格的粗放不羈，令人覺得不像是一位中尉軍官，他幹通信，官任排長，對於野花野草，有一種特殊的喜愛，所以在床頭的一個小瓶子裡，供養著一小束野菊，常說：我眞想吃下那些花去。

與管龍性格上的浪漫相比，也是山東人的丁智就成了另一型，雖是同樣的熱情，甚至更爲眞誠，丁智的表達方式，卻十分含蓄，他的持重與穩實，是小辛最欣賞的，也許小辛也屬於丁智這一型，但小辛沒有那份持重。

林雄是充員兵，彰化人，白白淨淨的一張臉，笑起來尙有幾許羞怯，有時聽著管龍聊女人職到某個關鍵上，還露出想聽個究竟又不敢聽神情，這小伙子的童心未泯，卻在兩年的軍伍生活中，不得不學著趨於成熟。林雄的聽明不僅在寫詩上，也表露在對他那些同伴的相處關係上，他在工作上的表現，得到了班長的信任。因此，才使他有比同班弟兄較多的自由與時間，來接近伍大鳴、小辛這一夥人。

說來，林雄的出現非常突然。這一天，小辛接到一個電話，是一個陌生人打來的，一開始，聲音怯怯的：

「你是×記者嗎？」

「是啊，我是×××。」

「那末，」聲音稍爲提高一些：「你也就是寫詩的辛×先生囉？」

小辛聽著覺得好笑，幹嗎這麼嚕嚇？這會是誰呢？是什麼熟人開玩笑吧？但是他不能不說：

「是的，我就是。」

「我在正氣中華報讀到你的作品，」聲音裡有些興奮：「打聽了很久，才知道你是廣播電台的×記者，我——我——」

「請問你是誰？」小辛有些不耐煩，問著：「你貴姓啊？」

對方似乎遲延了一回，才說：

「我姓林，林雄，××先生，我想來看你，不知道你有沒有空。」

小辛也遲一回，本想說「最近很忙」，卻因爲心中升起那份「薄有名氣」的虛榮的滿足感，改主意說：

「歡迎，歡迎你隨時來。」

「那末，我下午就來。」對方似乎更興奮了，把話筒「卡」的一聲放落，小辛想說「下午不行」已來不及。

這天下午，本來要跟管龍去拜海印寺，這是很早以前的一個心願，一直延擱下來，現在又去不成了，小辛心裡有些懊惱。

午餐後，興緻勃勃的管龍一到就大聲嚷嚷：

「走吧，我還帶著圍棋，咱們到那兒運籌帷幄一番。」

「去不成了。」

小辛一句話掃了管龍的興，只見他睜大眼睛追問：

「怎麼回事？」

「有一個叫林雄的要來。」

「這人是誰？」

「我也不認識。」

管龍喜歡交朋友，所以他留下來，一同「接見」這位叫林雄的朋友。

他們天南地北的閒聊一陣之後，又加入了電台播音官與播音小姐們的「接龍」，正在熱鬧的時候，林雄來了。

高高瘦瘦的身材，白白的一張臉，由於心中怯意顯得更白了，林雄的手裡大包小包拎著禮物。

小辛從來沒有送禮物與接受禮物的經驗，顯得很不自在，管龍似乎也有點失措，嚷著：

「哎呀，你這個小老弟，要來就來，幹嗎還帶著這些玩意兒，你眞是——唉！」最後這一聲「唉」，弄得林雄搞不清是怎麼回事，僵立著，臉上掛著比哭還難看的笑意。不過，這個「禮物風波」一下子就平息了，小辛把林雄引進寢室，坐定後，他們交談起來。

林雄透露對詩的愛好，並且拿出幾首作品給管龍與小辛「審閱」。很工整的鋼筆字，稿紙還保持全新，可以看出林心思的纖細，管龍默讀完一首，立刻興奮的說：

「好，寫得好，」他指著稿紙：「小辛，你看看，這一句多妙，眞是神來之筆呀！」

這話當然有些誇張，不過，這也是管龍的習慣用話，了解的人，都知道眞正的話意，但林雄不了解，便顯得承受不起，結巴著說：

「我——我我，你，管龍先生——你你——」

「不要叫先生啦，」不知道有沒有聽明白林這句話的意思，管龍忽地站起來，搖著手說：「叫先生我承當不起，這麼著，你看得起我管某人，就叫我一聲管大哥，我就托個大，叫你一聲老弟。」

「是啊是啊，」小辛也接著說：「你就叫我辛×好了，這樣更自然。」

可是，林雄一時竟不知怎麼才好，又結巴著說：

「我我——你們，你們兩位——我我——」

「好啦好啦，」管龍不忍心再讓林雄受這種折騰，連忙替他解圍：「不用多說，你的意思我明白，你帶了這麼多禮物來，禮貌已經很週到了。咱們這樣吧，你的禮數到這兒爲止，現在開始，你要交我們這幾個朋友，就稱兄道弟，直呼名字也可以，一切繁文褥節全免了！」

林雄這才緩和下來，臉上那份緊張不安，不知所措的神色，慢慢恢復正常。這時候，小辛提起伍大鳴與丁智，幾個人商量一番，決定找一個假日，約在管龍的碉堡聚會。

林雄坐了片刻告辭而出，執意不肯把禮物帶回。管龍接著也打道回府，他拎走了林雄的禮物；小辛認爲，這些禮物應留到聚會那天讓大夥兒分享。

這天晚上，小辛讀著林雄的作品，忽然想起自己年輕的時候，初見呂牧，不也是林雄那般，怯怯地，甚至些畏懼，一句話說了三遍還不能讓呂牧會意嗎？林雄的神情、語調，像極了當年的自己。如今，時光一幌已十年，在苦苦的摸索中，雖沒有因爲寫詩使生命輝煌起來，卻也支持了生命，不致跌倒。而寫詩，直到現在他還弄不清這是一種什麼魔力，竟如此令人著迷？

小辛躺在床上輾轉難眠，一會兒呂牧，一會兒林雄，一會兒又是石見、袁寶、伍大鳴、管龍與丁智，這群以詩爲媒介，一一結織的朋友，心地都那麼純眞、善良，個性爽朗、豪放，難道詩的力量能把心扉一扇扇敲開，詩眞的能把人間的污穢滌清嗎？

不是迷惑，而是不解；小辛覺得要盡力探索，尋求一個完整的答案——詩，爲什麼會有這麼大的力量？

然而，面對自己的作品，那薄薄的一册「軍曹手記」，他慚愧著。這還是此次臨來前線時趕印出來的，爲什麼要印它出來呢？爲獲得某種滿足嗎？還是爲自己留下一個記錄？他有些後悔，覺得自己做了一件蠢事。

意念中，小辛所欲保持的那份清醒，在這一瞬間，突然被他的複雜思緒與自責之情所喚起。他披衣坐起，腦海中閃出第一次在這個島上時的情景，銘刻在心的「八二三砲戰」，死亡的逼近，與生命面臨挑戰時的那種顫慄、激奮，以及情緒的多重變幻，一百幾十萬顆砲彈，在這小小的島群爆開，而這一切卻更顯示這座島嶼的不朽，顯示這島上的人們，是怎麼以血肉之軀締造了歷史的新頁。

這是何等的威嚴，何等的神聖，爲什麼不用詩讚美它？得到了這個啓示，小辛激動的振筆疾書起來。

暮靄中　遍地的金黃展示
人性的芬芳和力的不朽的氣息
這從不喘息的島　將它的全面
呈給天空　在夜中閃亮
像一柄出鞘的劍
哦八二三　歷史止步的時刻
豈僅是一次戰爭的表徵
它引燃我們　在人類中
成爲一鋼鐵的花
與仁義的清香合爲一體

小辛寫了又改，改了又寫，終於當公雞報曉時，完成這首二百餘行的作品。這是第一次完成這樣的作品，是一個起點，小辛覺得，要倍加珍視才是。然而，立刻他又有了困惑，它能通過別人的審視嗎？或者，它至少應通過自己的審視。他揉了揉眼，覺得還不夠清醒，便去洗了個臉，回來後，他一字一字的細讀這首新作。突然他站起身，像一匹被激怒的獸，狂暴的抓起稿紙，雙手如獸的利爪，把它們撕得粉碎。

「我太無能啦！」

他痛苦的叫出，舉手一揮，掌摑自己。二百餘行長詩，只留下一個開端，在小辛冷靜下來後，被壓在玻璃板下，時時刺眼的，引爲一個警惕。

就是在這種要把作品寫好，而又因爲在廣播電台工作，心思常落在不能集中的狀態下，日子過得有些渾渾噩噩，小辛的心情更矛盾了。這期間，若非管龍他們，小辛很可能整個身心沉潛在矛盾中，再也不克自拔。所以，他對管龍他們，懷著深深的感激之情。

小辛清楚的記得，有一次聚，伍大鳴曾誠摯的說：

「辛×，不要再渾渾噩噩了，把你那個什麼電影欣賞會解散吧，不能解散，你就退出。」

伍大鳴怎麼知道「電影欣賞會」這件事？小辛思索著。對啦，一定是自己喝得微醺之後，帶著幾分自得的神氣透露的；不禁有些羞愧。但爲保護自己，不得不爭辯：

「這沒有什麼不好呀！」

「有什麼好？」伍大鳴責問。

「好什麼？」管龍跟著來一句。

「消遣嘛。」這是脫口而出的遁詞。

「消遣？」伍大鳴不以爲然：「你的時間也太多了，每天看電影消遣。」

「並沒有每天看，」小辛還在爲自己辯護：「是有選擇性的。」

「哎呀，」管龍的大嗓門一拉開，氣氛就更緊湊：「此地有什麼值得你花兩個小時去看的電影？辛老弟，時間寶貴哪！你這樣拿它一刀一刀的殺，我心疼啊！」

丁智笑出聲來，這當然是管龍那一番話與說話的神情、手勢。

「眞的，」丁智笑過以後說：「你有那麼多時間，讀讀書，多寫一點不是更好嗎？」

「你看，丁智他開腔了。」又是管龍，他伸手按在小辛肩頭，儘量讓自己的語調柔和的說：「老弟，爛電影沒有什麼好看，不能提神醒腦，反而會害你昏頭脹腦，不合算，戒了吧，人家連大煙都能戒，你就不能戒看電影？嗯？」

這一聲「嗯」，是那麼親切，打進小辛心坎，終於，他點點頭，決斷的說：

「戒！我一定戒。」

說完，眼角噙淚。

這個所謂「電影欣賞會」，其實並不是什麼有形的組織，只是電台的同事湊合起來的，成員中除小辛外，包括三位播音小姐，三位編輯官和別個單位的一名軍官。想起來眞是有點荒唐，誠如管龍說的，在前線設備奇差的電影院，會「有什麼值得你花兩個小時去看的電影」？小辛卻沉迷著，經常五、六人神氣活現的出沒在電影院。他冷靜的檢討，終於痛苦的發現，其實，志不在電影的可看，而是在「有女同行」。想想看，在前線，女人是粥，「粥少僧多」的情形下，有女同行，而且是經常的，那是何等的光采啊！更何況，身爲單身男人，又怎能免於不受誘惑，不興起一絲綺念？

荒唐，太荒唐啦！小辛在那天返回電台以後，很技巧的宣佈退出「電影欣賞會」。

可是，在那段日子，除了與管龍他們聚會，小辛總有一種虛脫之感，生命彷彿脫水的蔬菜，萎萎的，不見生氣。他保留了一個秘密，沒讓管龍他們知道，那就是幾乎每天一封的，給在台灣東部的一個女子寫信。

多半是吐露心事，也說得上是一種愛的訴願，小辛在信中所表達的，許是那位女子所不願聽聞的，所以，極少有回信寄來。至於這件事的引發，則是章山的一封信；但章山怎麼想得到，這會是小辛生命中的一次小小地震。

章山那時在東部受訓，準備從事教育工作，在給小辛的信中，他描述了東部小城的明媚動人處，還敘述一番不同環境中受訓的感受，最後，附加這麼一段：

「有一位小姐，長髮披肩，眞美，天天在校園中遇見，跟她談過一次，聲音甜甜的，也許，你可以鼓起勇氣寫信給她，我把資料提供給你……」

因爲章山已有知心的女友，所以他發了這麼一回慈悲，但是小辛最初並沒有採取行動，他很膽怯，尤其章山的信中說「眞美」，他衡量自己，一臉的春青痘，坑坑疤疤，相形之下，還是算了吧，免得自討苦吃。

可是，半個多月後，辛山的再次來信，又提到那女子，並且說：

「我有新的情報：她喜歡文學，尤其是詩。」

這一來，激起小辛的勇氣，他還特地跑到山外新市的文具店買來印刷精緻的信封信紙，給那位小姐寫起信來。

費了好大的勁，才寫了半張信紙，總共不到三百字，而其中的前半部份，都在談自己跟章山的友情，這爲什麼？想運用章山的關係嗎？這不妥。他把信紙捏成一團，再一想，如果不先透過章山，又怎麼起頭呢？先把愛慕之情訴說一番，不是太冒失嗎？人家會怎麼看待？

躊躇了好一陣，小辛又把那張信紙弄平整讀了一遍，謄寫到另張紙上。

「××小姐：

這是從金門寄出的一封信，也許是妳所收到的信中最沒有來由的一封。那末，請允許我介紹自己，免得這封信成爲一封無頭信。我是××，是章山的朋友，我與章山的友誼，建立在寫詩的共同愛好上。章山……

第一封信寄出後，成為沉海之石，第二封第三封第四封，也有去無回，小辛有些洩氣，這時候，章山又來信：

「好兆頭！」信的開頭就這麼寫，並且用了一個驚嘆號：「前天碰到她，她說：『你的朋友給我寫了信』，這表示她已經收到你的信，沒有人檢扣，而且也表示她已經讀了你的信，沒有撕掉（如果她沒有讀了你的信，怎知你是我的朋友？）。所以說，這是好兆頭，趕快加油吧……」

章山一片好心，但是，怎麼加油呢？

前面四封信中，幾乎已經把自己介紹得一清二楚，甚至包括抱負與理想，喜歡什麼顏色囉，在山與水之間的取捨囉，跑過些什麼刻骨銘心的地方囉，以及喜歡看那一類電影，聽那一類唱片等等，瑣碎得很，只差沒把自己一天抽幾支煙，吃幾碗飯寫出來。

實在很不怎麼樣，小辛自己也覺得可笑。現在又該如何？似乎沒有什麼可寫的，小辛的心裏悶得發慌，他在寢室門外的小走道上走來走去，顯得一籌莫展，突然，眼前一亮，牆上的標語打進心坎。

「發揚金門精神」！對啊，這是個寫不完的材料，金門這地方，有太多值得寫的。果斷的決定，匆匆轉進寢室，攤開信紙，寫第五封信——細說金門第一章。

接著是第二章、第三章、第四章、第六、七、八封信在一週內先後投郵，仍無下文。

小辛終於眞的洩了氣，停止了這番「攻勢」，那裏想到兩個星期之後，一封西式信封裝著的信，擱在桌上。那天小辛剛從大膽島回來，兩天的實地錄音採訪，實在累人，他無精打采的進了寢室，赫然一信在目，西式信封，纖巧的字跡，不可能是章山或石見他們寫來的，那麼會是誰寫來的呢？

心跳著，拿起信，急急拆閱。是那女子寫來的，簡短的幾句問候話，和對「細談金門」的讀後感，沒有別的，小辛卻已經滿足了。

奇怪，何以這竟有這麼大的力量，犂得平心中起伏的石塊？小辛周身舒暢，飄飄然起來。

突然他想起，來前線之先，剛調到林口的那年十月，新公園的商展場上，呂牧不是也如此飄飄然過嗎？不過，那是很眞實的，不像自己這麼虛渺。呂牧認識的那個女子，在一家電機公司任會計，小辛只見到一面，似乎袁寶與石見也見過。中等的身材，很文靜的樣子，呂牧與她相識已有半年多，開始也是通信，據呂牧說，她的字寫得美極，還會畫幾筆，每封信末總要畫上一朵花一隻小鳥什麼的，當然也是美極。他們的感情徐緩進展，到十月商展，她已允許呂牧讓小辛他們去看她，小辛這一伙人，心目中也就把她當作「未來的嫂子」。

那時候，呂牧確實有些飄飄然，笑得特別動人，而詩也寫得勤，愛情更使他對厭倦已久的工作也重新燃起幹勁，眞是奇妙的力量。

然而，不知什麼原因，呂牧與她不來往了，呂牧對小辛，一向無話不說，這件事卻保持高度機密。小辛能如何呢？衝動而又幼稚的寫了封信給呂牧，說什麼「大丈夫何患無妻」，眞是笨拙可笑。之後，很長一段日子不明呂牧消息，等小辛再來金門，呂牧在幾個月後，自請調職，把自己流放馬祖。

想起這一段，小辛再也樂不起來，更何況，他自己這一段，跟呂牧的這一段比起來，還差得遠呢？但是，他不明白的是，何以這所謂「愛情」，能令人如此神魂顚倒？而且，它竟是那麼被千千萬萬人追尋著，那麼令人在進入它的領域之後，變得自私起來？

小辛一直沒把這件所謂「愛情」的秘事，向伍大鳴他們透露，他只想獨自享有它的快樂，或者哀愁。那時丁智已婚，伍大鳴與管龍都還稱孤道寡，林雄更不用說。不過，林雄的條件好，這方面不必發愁。

對小辛來說，林雄這小老弟，是他第一個結交的台籍朋友，這特別値得珍惜。

從三十九年來台，小辛一直在軍中，接觸面小，即使在寫詩這個圈子，也只接觸到相同身份，年齡差不了幾歲的大陸各省籍人士，交爲朋友的，都是流亡學生轉爲軍人的。他沒有想到林雄會找上自己，闖進他們這個小圈子裏來。當然這是詩爲他們作了媒介，不過，這也是緣份。

能說不是緣份嗎？譬如呂牧，遠在山東的鄉下，而石見更遠在川西，要不是有緣，怎能相遇並論交？但是，這緣份曾付出多少代價？血與淚，愛與恨，小小年紀，身材還沒有七九步槍高，卻拋下書本，上了戰場。最後能全身而退，來到台灣，眞是太大的慶幸。每當他們相聚，談起各自的舊事，這份慶幸就流露出來，雖然言談中有感喟，有憤慨，語氣越來越低沉，但是，慶幸自己還活著，慶幸有緣千里來相會。

小辛也爲結識林雄而慶幸，他覺得與林雄的友誼，要好好把握；這不是矯情，不是擺一個姿態。那時，年輕的林雄似乎也已體會到，小辛與管龍他們那種兄長般的友愛，而對他們在敬重之外，更多方面的求取了解。

林雄的條件好，這一點也不假，他年輕，一表人才，家庭環境也不壞，又接受了完整的專科教育。所以，當他們閒聊時，談到婚姻大事，除丁智以外，其他人都會說：

「我們當中，恐怕還是林雄最早進洞房。」

雖是說笑，但有時也不免自哀。

在這方面，小辛表露得最爲明白。這或許是他的感情最爲脆弱，他常在這樣的說笑場合，不僅爲所謂婚姻大事，更爲別的什麼，默默不語，臉色灰沉沉的，五官再也舒展不開。甚至有一次，他還傷心的流淚。

那是六月的某個週日，幾天之後是小辛的生日，丁智不知道從那裏探聽出來，獨自策劃要爲小辛舉行慶生會。諸事就緒之後，他告訴管龍等人，於是，愛熱鬧的管龍豪爽的說：

「在我這兒辦這椿喜事，我準備壽麵，大鳴負責壽酒，林雄老弟負責買菜，不用多，在後埔街上切兩碟滷菜就行，其他一切由丁智包辦。」

事情沒能不讓小辛知道，他當然推辭，才滿二十九歲，慶什麼生？但拗不過這夥好友的熱情，慶生會如期辦了起來。

最讓小辛感動的，是丁智從台灣訂製了一個奶油蛋糕，還備有蠟燭，這可眞是平生第一遭，小辛受寵若驚，期期艾艾，半天說不出一句話。

管龍想不透丁智何來神通，竟從台灣及時弄來蛋糕，還挺新鮮的呢！其實，這是幹空軍的好處，丁智說明了蛋糕來處，調侃的說：

「管龍，你後悔選錯軍種了吧？」

管龍哈哈一笑，即席唸起詩來：

何其鮮美甜醇啊
這飄洋過海　飛來的蛋糕
何其雋永清香啊
這遊子浪人　溫暖的友情

衆人都笑出聲，小辛卻不。

他擦著淚，這淚混和著興奮、感激、懷舊與自憐。丁智他們一時慌了手腳，不過，誰都明白，小辛爲什麼流淚，所以，並沒有人勸止。

場面顯得尷尬，伍大鳴試圖打破僵局，開口說：

「男兒有淚不輕彈，辛×，唱一曲吧，好久沒有聽你的大江東去啦。」

「是嘛，」管龍接上腔：「你哥子是怎麼擋子事兒吶！弄得我六神無主，你看，這白嫩嫩的奶油蛋糕，也快流淚啦，它爲了沒人去切它、看它、嚐它，他在哭哪！我說老弟。」

這一句「我說老弟」，聽來是那麼親切，但也帶點兒悲涼，管龍是性情中人，他幾乎要陪著小辛灑幾滴淚。小辛的情緒漸趨穩定，對好友們說了感激的話，然後唱起：「大江東去，浪淘盡，千古風流人物……」

宴終席散，懷著永遠的感念，小辛回電台。

不久之後，林雄服役期滿，解甲返鄉。臨走的時候，他的心情極複雜，一方面有著跟一般充員兵一樣的「如釋重負」的喜悅，一方面卻眞有點捨不得走。這群朋友，將近一年的相處，使林雄的生命茁壯起來，胸懷也開放了，他覺得在這三百多個日子，是他生命中的一重要階段，也可以說是邁向未來的開端。雖然，返鄉以後要謀事，對於寫詩，不一定能夠堅持，但他已下定決心，絕不放棄讀詩，而這幾位朋友的詩，他更要讀。

小辛等人對林雄的解甲返鄉，也有點依依不捨，不過，他們相信總有見面的一天，所以，在一次簡單的歡送餐會後，並沒有到料羅灘頭去送行。

接著丁智也調回台灣北部基地，然後是小辛。

送小辛返台的餐會，在管龍那兒舉行，那天管龍喝了不少酒，伍大鳴一向比較冷靜，不過，卻先有了醉意。

談著一些不著邊際的問題，三個人的臉上似乎都有了倦意，突然，伍大鳴一揚手，制止小辛說話，提高聲音叫出：

「不要談這些，換個題目，談談我們自己！」

小辛吃驚的注視對方，管龍也傾身向前，睜大了眼。

「談自己的什麼呢？」

管龍說著，露出徵詢的眼色。

「太多的地方可以談，」伍大鳴內心十分激動，卻儘量壓抑：「這幾天，我都在想，如果我們就這麼下去，會有什麼結果？我發覺，我們很少爲未來設想，志向暖昧，目光短淺，總是被動的過日子。我們守著這麼一個小圈子，好像外界的一切都跟我們不相關，有人把我們當長不大的，永遠不成熟的小孩子看待，我們自己似乎也這麼看待自己。我請問兩位，如果就這樣子，我們還寫什麼呢？意義何在？我們都不年輕了，都是三十上下，要再不好好把握，前面這十年的摸索，吃了那麼多苦，全白費啦！」

這是肺腑之言，伍大鳴的深沉，從番話中更獲得證實。管龍沉思著，小辛抬頭看向小窗外一方天空，他在想，伍大鳴的這番話，雖是個人心思的剖白，但在眼前這樣一個場合，卻具有臨別贈言的深長意義。

「我很感謝大鳴的坦率相告，」小辛把目光從窗外收回，微轉過臉，正視著伍大鳴低沉的說：「對我來說，大鳴的話是當頭棒喝。不過，我必須這麼說，在面對未來或面對任何問題上，我們不是逃避，而是我們從來沒有自覺的去面對問題。這當然是，我們還沒有成熟，雖然年紀不小，但從我們成長的背景看，我們都很幼稚。也許我們會拿以往的經歷遭遇，對別人說，我們經過大風大浪，看到過成堆死屍，你拿我們當小孩看，說我們幼稚，哼，你錯了！而事實上，我們知識不足，不能把以往的經驗過濾消化，生活面又狹窄，成熟便變得遲緩。所以我覺得，在知識上，我們要痛下功夫，現在還來得及。如果我們的知識到達某個程度，我相信，我們會運用它使我們的經驗活轉，並且也使我們自覺地去面對問題與未來。」

「自覺地去面對問題與未來」，沉緬在回憶中的小辛，突被自己的這句話深深刺痛，算算日子，說這句話已在七年多前。

七年，不短的歲月，自己所面對的，是一些什麼呢？不錯，是有些問題，然而這些問題所聯繫的，又是什麼呢？與人群，與社會，與整個時代，它們之間是否血肉相連呢？小辛的眼前一片空茫，他覺得身子搖搖欲墜。

六

「絕！」

呂牧躺在床上，忽然想到小辛擠粉刺的神情，那副咬牙切齒，不把粉刺擠出誓不甘休的樣子，不禁叫出聲來。他從床上坐起，彷彿小辛就站在面前，在狠命使勁的擠著一臉的粉刺。心中升起一片酸澀，嘆了口氣說：

「唉，也該是結婚的時候啦！」

這話不知是說小辛，還是自己，也許兩者都相關。他拿起擱在枕邊的手錶，看了一眼，十點四十三分，還不太晚，他決定去看小辛。

中午那一段，不必再提，此去也不必再驚擾趙明與張甸，他要跟小辛好好談談，畢竟情份猶在，自己怎麼不濟，小辛也不會白眼相看，冷語相對。而且，現在酒醒心清，十句話總有三句值得小辛聽一聽。

作好決定，呂牧想：是不是應該先打個電話？遲疑片刻，終於拿起電話筒。鈴聲響了七、八下，對方才響起一聲：「喂！」

聲音裡帶著七成不快，呂牧的反應銳敏，立刻用最柔和的語氣，甚至顯得世故與做作的說：

「對不起，打擾您了，麻煩您請辛×聽電話。」

誰知道對方就是小辛。

這眞是一個僵局；當小辛說：我就是，呂牧這邊竟不知該怎麼往下說，說什麼好。然而他們還是接上腔，不過，兩個人交換意見後改由小辛到呂牧這兒來。

小辛在接聽這通電話之前，由於晚餐以後一直在想著金門期間與伍大鳴、管龍等人相處的往事，錯失了與女友的約會，心中始終不安。他反覆的讀著石見從東部海防哨蓬裡寫來的第三封信，一種爲人抱屈的憤憤不平的意念，糾結在腦海，他覺得需要找人喝一杯，不然，這一夜又將失眠。

呂牧的電話來得正是時候。

匆匆穿上外出的便服，收拾起石見的信，卻不知怎麼回事，又把那封信攤開，一字一字的唸出聲來：

「小辛：

那天在大溪的小店中給你匆匆忙忙的寫了封信，便獨自一人到山中散步去了。朋友，我自己實在難於排遣，心中一面懷著對好友們的愧疚，一面又是對自己的憤恨。

我相信那山灣中必定有清泉，有幽谷，可惜我太貪心了，我走過了頭，我再度看見荒蕪。我面對著這貧瘠的山冥想。

朋友，也許你在埋怨我這次遠涉是咎由自取，你不是在上次的信上提到要面對生活的背景嗎？我卻有自己的看法。現在我且不說什麼有所為與不為的那種論調，難道這個時代不是一個使我們更要把握自己的時代而是一個要我們全般放棄自己的時代？難道連一點正面的象徵都要予以拋棄嗎？

朋友，我決非向你發牢騷，我也沒有菲薄你的意思，我在寫這些話的時候猶能發現自己的怯懦，眞是他媽的！不寫這些也吧，我恐怕要澈頭澈尾來一次改變，我可能在寫作上走明朗的路子，也許我將有一段長久的蟄伏。我必須重新出發！

下午我獨自去大竹篙橋上數散落在乾河中的烏鴉，我又想及某些朋友，他們的人生態度是消極的，他們把積極的工作表現得這麼消極。我向那些黑色的烏鴉扔了一塊石頭，牠們中只有一二隻稍為展翅，移動了一下位置，這眞是可鄙的禽鳥，但還沒有某些人可鄙。

朋友，是否我寫得很無層次？在只聽到海濤的暗夜中我仍按捺不下我的激動，我常利用這段站崗時間，來和我所深愛的朋友談心，但是今夜，我發現要說的話眞是說不清。

我使用了過多情感亦復情緒的語言，這是犯了我的忌諱的，所以，我要轉過筆鋒談談別的。

我住的地方是一幢小磚房，建在公路與海之間。「海防班哨」的老兵們，各有各的一套，不過，他們的特色是極其單純與善良，喝酒爽快，卻捨不得花錢。（也有例外，只要你讓他感覺到你比他更單純更善良。）公路緊靠山腳，轉過去沿著大竹篙溪的河床，過一道水泥橋便是個有三四十戶人家的小村（叫大溪），住的是山地人，沒有電，飲的是山泉。兩岸的山是風化石，幾乎沒有可耕的泥土，到處都是砂礫，河床中斗大的石塊與石塊之間，荻草倒很茂盛。河裏沒有水，前天還有一點，昨天便乾透了，當走過橋到村庄的時候，一路上吃灰塵和聽鴉叫。海浪聲單調得令人不易發覺，河床的上游倒是有較佳的視域，也許有一天我會探幽尋勝去。

因爲房子太靠近公路，路面又不好，成天都是灰飛塵揚，而夜晚也可能被來往的汽車吵醒。這條路接通台東與花蓮，我來此這麼些日子，還沒有到兩地去過。還記得某年同袁寶和你在花蓮，那晚上喝成連一隻手有幾個指頭也數不清，好似很洒脫，其實，我是怕說話太多，而一說又是我們這夥人不該如何等等，所以不如讓酒這種液體封嘴，我想袁寶也是這個意思，你更深沉。這就像昨晚上發生的事，可是，你不能不承認，在記憶裡，它已經沉得很深了。

在這裡，好在時間很多，利用閒暇讀書倒眞是我的專利。朋友，生活不苦，苦的只是相思而已。

你想不到吧，我在這裡還另有生財之道，不要想到種菜養豬養雞這些上頭去。我跟著這裡的人下海，去撈虱目魚苗。水深及腰，有時候幾乎到唇邊，兩手握緊兜網，在海裡二三百公尺一來一往，沒有力氣還眞不行。魚苗一尾一毛錢，有時高到五毛，得看多少。運氣好，一網撈上千把尾，運氣不好，來回十趟也不見半尾。我利用這種勞動來訓練自己，再說，換幾文錢，也好留作未出世的孩子買奶粉。

這就是我在這裡的大部份；我不說全部，因爲我還保留了我的思想。

你信上說到的那種心情，不要菲薄它，可能的話，你該去華西街等處走走，三十多歲了，這種事情不可免。當然，有個女人愛你，會對你有益，那麼，允許我鼓勵你，去找個合適的女人吧。

至於梯子與鏟子，它們對於去天堂之路與去地獄之路誰快誰慢的爭持，不要花腦筋在這些上面，概念而已，我始終堅持這句話：活著才有一切的可能；還概念爲概念，求實才重要。

至於文學和藝術，我想你一定記得我們從前談過的話，只要我們有不移的志向——就是所謂執著吧，我們應該慢慢的，細心的來。我們不必像那些張牙舞爪的人一樣只求表現自己，我們要對比我們年輕的一代（我對他們仍未十分失望），穩健的給予影響。我們不但活得無愧，更預見死得無愧。朋友，這不是我說大話，我知你也有這種信心！下次再談。

石見寫於燈下」

唸完信，突然覺得不想去找呂牧喝酒了，他一定要立即跟石見說幾句話，於是，脫去上衣，坐下來，點燃香煙，小辛振筆書寫起來。

「老友：

你的信給了我難以壓抑的思念，想像你在大竹篙橋上聽鴉叫，在海裡撈虱目魚苗，你心裡還念著我這個人，念著我們曾說過些什麼，念著我們在花蓮那夜晚的狂飲，我眞想見你一面。

今天呂牧來過，趙老大請他吃了午飯，聽口氣，他的工作又將發生問題，我本來還想向他討教退下來以後幹什麼好，看情形，他不會對我說什麼。你很清楚，我跟呂牧的關係，似乎我曾對你及袁寶說過，他是我的大哥；一個溫暖的胸膛，當我累乏時，可以容我靠一下的。現在他依然是，也許我變了，我覺得我不該再有累乏時需要找個處所把頭靠一靠的念頭。

剛才他來電話，要到我這兒，我說我去找他。可是，臨走前再讀你的信（我把它一個字一個字唸出聲），覺得還是給你寫些什麼，可能會給我帶來內心的平靜。

關於我說的生活背景，也許上次信中說得含混不清，所以你採取了保留態度。我試著說明白一點……」

電話鈴忽然響起。一定是呂牧打來的，小辛想：該怎麼對他說呢？擱下筆，三步併作兩步，小辛拿起話筒，心跳著。

「喂，找那一位？」

如果是呂牧打來的，這樣的口吻豈不易知故問，因此，立刻改口說：

「我是辛×。」

「你猜猜我是誰？」

太熟悉的聲音，還用得著猜嗎？小辛的直接反應，是提高聲音，激奮的說：

「石見，你怎麼來了？」

石見一向很冷靜，從電話那端傳過來的聲音是低沉緩慢的：

「我來辦事，剛到台北。」

電話中夾雜著人聲車聲，顯然，他是從車站那邊打來的。

「你在車站吧？」雖然是一句問話，口氣卻是肯定的。小辛停頓一下，又說：「到我這兒來吧，有地方睡。」

「也好。」

掛落話筒，小辛走回辦公室，心想：眞巧，剛給他寫信，他竟來了，會有什麼事呢？小辛不願爲這事費腦筋，收拾好桌上的東西，開始等待。忽然，覺得有點不對勁，呂牧那邊總該有個交待吧。

小辛走向事務室，自動電話裝在那兒，剛進門，鈴聲響起。

「辛×在不在？」

是呂牧，聲音很溫和，小辛立即回話：

「我就是。」

「你怎麼還沒有出來？」

聲音裡有點責備的成份。小辛不能不編製一個理由。

「沒有人回來，我得看守辦公室。這樣吧，現在是十一點一刻，再過一刻鐘，打電話給你。」

對方遲緩片刻，壓低聲音說：

「算了，明天再說。」

顯然，這表示了他的不悅。小辛有點惶恐，連忙說：

「明天上午九點，我去找你。」

「再說吧。」

卡嚓一聲，電話掛斷，明白的告訴小辛，他那不悅的程度。

小辛不安地呆立在電話機旁，手上還拿著話筒。他覺得自己犯了錯，不！對好朋友撒謊簡直就是犯罪。於是，他撥動了號碼盤。

「大哥嗎？」他低聲說：「我向你道歉──」

不容小辛說完，呂牧爽直的說：

「何必呢，我知道你有事。你在寫東西是不是？你好好寫，我不會生氣的。」

小辛覺得必須把話說明白，提高聲音說：

「我本想到你那兒去，後來讀了石見的信，心裡壓著一塊石頭，要是不給石見回信，這塊石頭就放不下，所以我就──」

呂牧打斷小辛的話，急切的說：

「石見他怎麼樣，聽說他是被流放──」

「不能說是流放，」小辛謹慎的說：「就跟你當年被調到馬祖一樣。」

「我明白你的意思，」呂牧說：「這樣吧，你寫信的時候，代我帶上一筆，就說忍字當頭。」

小辛沒有立即答腔，遲疑了好一陣子，等到呂牧那邊喊出好幾次「喂喂」，才說：

「你想不想到我這兒來?」

「幹嗎?」

「見一個人。」

「誰?」

小辛沒有回答，敏感的呂牧立即想到。

「石見!」

他回答了自己的問題。這時候，小辛覺得要再作一番解釋:

「石見剛到台北，幾分鐘前給我打了電話，要到我這兒來睡，你來不來?」

呂牧沉吟著，心想:小辛畢竟成熟了，有了心計。但是，他的本性良善，要不，經過一番周折，對於石見的事，他是不必說什麼。現在既然說了出來，豈能因爲些微的不快，而不去呢?

「好，我馬上來!」

掛落電話，呂牧點燃香煙，猛吸一口，想著，自己與小辛，以及多位朋友在這幾年來的變遷。呂牧發現，自己與他們的最大不同，是自己無論在那一方面，幾乎不抱理想，而所謂現實，卻也不曾沾濡到多少好處，像兩片土司麵包中的果醬或肉片一樣，自己被夾在理想與現實之中，然後被吞噬。

小辛他們呢？似乎都還懷著理想，不同層面的理想，也許甚爲強韌，也許很脆弱。他們並非漠視現實，但沒有足夠的力量參透它，所以，顯出了離合之間的徬徨。至於寫詩或幹些什麼行當，現實中得不到補償，他們不是不要，而是不知道怎麼去要，於是，清高也成爲理想的一種，甚至有時候以爲清高表現了他們人生的姿態。

自己與小辛他們，老實說，這兩類人物，都臭得很，所以也就不能見容於別人。

這是苦澀的思索，罷了罷了，不想它吧，呂牧整了整衣衫，熄了燈，準備到小辛那兒去。而在小辛這方面，當他掛落電話，總算了卻一樁心事，他走出事務室，走向屋外。迎面一片幽暗，稀疏的燈光散落在一百公尺外，前面是道路用地，尙待開發。前年異國朋友老許來看他，他們沿著濕滑的泥徑，越過前面的這句窪地，走到一處公園預定地，時間眞快，如今老許已學成歸國，正奉獻他的所學給自己的國家。

小辛對老許有一種特殊的感情，他從來沒有把老許當外國人看待，雖然老許的中國話說得不怎麼道地，但是，中國人的習慣，幾乎可以在老許身上找到百分之八十。他罵起人來，「他媽的」三個字說得非常順口，不過，總是笑著出口，帶著調侃的意味。

記不清是那一年，小辛還在林口，袁寶也在，老許突然來看他們，一見面，就是一句：

「他媽的，」然後笑著說：「你們害苦了我。」

袁寶問他是怎麼回事，他急促的說：

「我找了一個多小時，才找到你們這個地方。」

原來他搭車搭過了頭，到底站苦苓林才下車，然往回走，又走到叉路去了。

老許的酒量大，酒品好，但那天他們沒有喝酒，因爲老許是來探病中的小辛，老許說：

「我們喝，辛×不喝，我不忍心，所以，我不喝。」

老許從不做作，也許——誠如石見說的，彼此都是「性情中人」吧，所以才能結下這份交情。

想到石見，小辛有點不安，怎麼他還不來呢？這半年，在東部的戍守生活，他變了多少？石見長長的臉很有性格，微歪的嘴，給人一種富心計的感覺。其實，心計也者，要看怎麼解釋。石見確富機智，反應敏銳，然而對愛他的朋友，他不用心計，他的坦率直言，也許會引起一時誤會，但事後，朋友們都會發覺那番眞心話的受用。

小辛想著想著，不覺又爲石見的際遇抱屈。

一輛汽車從屋角的狹路駛進，打斷小辛的思緒。車子在木柵門外停住。小辛迎去，下車的竟是趙明；他從報社下班回來。

一見小辛，趙明就問：

「這麼晚還不睡？是不是又在寫東西？」

「石見跟呂牧要來。」小辛回答。

「石見不在台東嗎？」趙明說，付清了計程車資，直起腰桿，伸手搭上小辛的肩頭，一面說：「我去洗個澡，等一下我請他們去喝一杯。」

趙老大的熱情就是這麼直接，在這方面，小辛自感弗如。這一方面是自己的收入有限，再方面是性格使然，沒有那種豪放。小辛想過，如果自己有錢，會怎麼呢？結論是，即使有錢，也學不到趙老大這樣子。趙老大絕不是故意裝闊，在錢財這方面，他收入不算很豐，沒有裝闊的必要。他總覺得，天南地北，要不是緣份，怎會在此地交上朋友？既然是朋友，就當推心置腹，而錢財身外之物，比起朋友間的情份，不值一文。

趙明慢慢轉進屋內，十多分鐘後，又一輛汽車駛來。

石見沒有什麼變，只是黑了許多，他解釋說：

「東部的太陽太厲害，房子小，悶熱不堪，乾脆出去曬。」

坐定以後，趙明穿著短褲、披著浴巾匆匆走來，一見面，就熱絡的說：

「嘿，哥子！」

石見站起身，握住趙明熱情的伸出的手：

「長官，小卒來向你請安。」

「什麼長官、請安？」趙明故作不悅，稍停片刻，又說：「還過得好吧？」

鬆開趙明的手，石見裂嘴一笑，低聲說：

「還過得去。你呢？又到報社兼差去了？」

「爲將來打算嘛。」

這句話，趙明輕易不說，每當說出口，卻又不很認眞。這種態度顯然很矛盾，小辛不甚明瞭。

「你哥子還擔心什麼，在這兒耽下去，總有一天梅開二度，甚至三度。」

「你別拿我開心，」趙明拍拍石見的肩膀說：「我從不指望這些。好吧，我去穿衣服，等一下帶你們去一個地方，便宜清靜，我們哥兒們喝一杯。」

忽然想起什麼，看向小辛問道：

「呂牧呢？」

「大概在路上吧？」小辛回答。

「好吧，我去穿衣服。」習慣性的搓手，因爲兩臂搖動，肩上的浴巾差一點滑落。急忙拉整浴巾，右手拍拍凸起的肚子，趙明自嘲的說：「徒有滿腹經論。」

等趙明走出，石見笑著說：

「眞不愧爲趙老大。」

小辛想聽一聽石見在東部的詳細情形，不過他知道，這不是時候。石見也許窺透小辛的心事，坐定後，滿含感情的說：

「明天去找袁寶，我會讓你們知道在東部幹什麼。」

小辛正待開口，屋外傳來車聲。

呂牧一進門，就把石見抱住，顯得激動的說：

「怎麼樣，落難的滋味不好受吧？」

石見一向不願顯露過度的熱情，所以並沒有伸手回抱，他甚至淡漠的說：

「也說不上落難，老朋友，你不要把我看得可憐兮兮。」

可是呂牧由於某種因素，也許是自己有過的一種經驗吧，他不願意放棄這個可以渲洩一下「積忿」的機會。

「何必強顏歡笑呢？」呂牧說：「老弟，我是過來人哪！」

「不能這麼說，」石見立加糾正，做著手勢，也提高嗓門：「任何人的遭遇，不可能是相同的，我並不以爲調到東部就是落難。」

「這麼說。」呂牧準備抬它一槓：「你心甘情願？」

「這是另一回事，」石見說：「呂牧，我們不談這些好不好？」

「爲什麼？」

「沒什麼意思。」

「你說沒意思？」

小辛一看情形不對，連忙打圓場。

「好啦，我們準備出發吧。」

「到什麼地方去？」呂牧不解的問。

「趙老大請你們去宵夜。」

「又吃他的？」

呂牧雖然這麼說，心想，反正趙老大是有辦法的人，不吃他的，難道吃小辛的？

雖然如此，呂牧還是有一點不悅。小辛幹嗎右一聲趙老大左一聲趙老大的？他想：我不也是老大嗎？趙明憑什麼？是年齡大，還是詩寫得好，還是因爲做了小辛的長官？這麼想著，就覺得有點不對勁，喝一杯的興緻，也降低下來。

這時候，趙明已經穿好衣服走來，他穿了一件套頭衫，顏色鮮艷，看起來年輕不少。

「哎唷，那兒來了個少年郎！」

呂牧嘲弄的叫出聲，石見則以另一種態度說：

「老大哥，你這件衣服眞帥！」

不管是揶揄或贊賞，趙明一概收下。他摸了摸衣服，又搓了搓手說：

「走吧。」

那是一家雅緻的小館，菜色很美，而且量足價廉，然而，對呂牧來說，酒最重要，他有個喝酒的原則「除非不開瓶，開瓶就喝清」。其實，在座的石見、小辛，甚至作東的趙明，誰都善飲，不過量歸量，對酒這種東西，總得有個節制。

然而要跟呂牧在喝酒的量上作一個協調，那是非常困難的，因爲即使作東的主人認爲，在座的客人已經喝到某個程度，而不再供酒，呂牧會自己掏腰包加它一瓶甚或兩瓶。

而呂牧「愛鬧酒」也就在朋友們的親歷其境體驗過後，一傳二、二傳四的傳了開來。所以，除了少數幾位，幾乎都自認爲「非常不得志」的朋友，能夠容忍呂牧這位酒友，大多數的朋友，幾乎都有點怕——怕跟呂牧喝酒。

呂牧鬧酒，倒不是拍桌子摔板凳，破口叫嚷，而是屬於斯文型。慣常的動作是咪起眼睛，沖著同桌朋友中他較爲看不順眼的一個，瞄了又瞄，看似一種挑釁，卻未必是這個意思。

絕的是，他的所謂看不順眼，包括多種意味。有時候，他會對某人打的領帶看不順眼，於是，「領帶狗屎」，打這領帶的某人，便也「差勁」了。或者某人新理了髮，他也會看不順眼，指著某人的頭髮，來一句「狗屎」。這是其一，另外最常表露的，就比較容易引起他人反感，那就是對應上某人正興緻勃勃談著的問題，來一句「狗屎」，澆以冷水。

小辛冷眼旁觀，內心是酸澀的。呂牧爲什麼會這樣呢？小辛探究過，但得不到完整的答案，因此，歸咎於酒精作祟，當與呂牧同桌吃飯時，不得不艱難的負起掌管酒瓶的任務。

現在這頓宵夜，儘管趙老大一進小館就說：

「咱們來一個開懷暢飲。」

但小辛卻仍認眞的掌管酒，並且說：

「只能喝慢酒，不可乾杯。」

喝的是雙鹿五加皮，屬於烈酒一類，尤其不能一杯接一杯的乾。

座上人都有舞文弄墨的共同興趣，扯了些閒話之後，難免又拿寫文章當話題。

「呂牧，好久沒有讀到你的作品，現在生活安定，繼續寫吧。」

石見說的是眞心話，不過他不了解呂牧的生活情況，錯用了「安定」二字，這給了呂牧發洩的機會。

「老弟，我叫你一聲老弟可以吧？」呂牧露出一付不能讓別人理解的表情，沉聲說：「我看透了，寫不寫都是那麼回事，沒有意思，不過，這倒不是生活安不安定的問題。我覺得一個人飽食終日，肚子挺得大大的，更不能寫，相反的，餓著肚子，還能被逼著寫出好東西來。」

「這是你的邏輯？」

趙明搶先問道。呂牧轉過臉去，反問趙明：

「怎麼，有什麼不對嗎？」

「不通！」

「不通？」

「嗯。」趙明點頭肯定。

場面趨於「山雨欲來」狀態，小辛看得很清楚，趙明決定要爲這個話題跟呂牧抬上一槓。小辛想：如果在平時，或許能抬槓抬出個什麼名堂來，但在酒後，尤其是喝得差不多的時候，事情就不那麼容易解決。於是，小辛站起身，把酒瓶中剩下的酒，分倒在四個杯子中，拿起自己的一杯，提議說：

「時間不早了，明天還得上班，我們乾了走路。」

「對，」石見立加同意，舉杯說：「我先乾爲敬。」

趙明擅於見好就收，他體會到小辛的提議與石見的呼應，再一想，實在也沒有跟呂牧抬槓的必要，便站起身，搓著手說：

「那末，咱們打道回府。」

一干人馬分道揚鑣，趙明、石見、小辛一車駛向吉林路，呂牧落單獨行。

車上伙語，不到三分鐘，坐在前面座的趙明就鼾聲大作起來。

「眞行！」石見低聲說，語氣中頗含欽羨。

小辛沒說話，他在想：呂牧會不會再找個地方，又喝了起來？

小辛想得沒錯。第二天，他求證的結果，呂牧果然在那家小館附近的食攤上又喝起來，而且大醉。小辛把這件事向石見提起，石見只輕聲喟嘆的說：

「你能奈其何？」

小辛聽後一怔，沒說什麼。他感到悲哀，悲哀的，是自己越來越無法理解呂牧的作爲。他同時感到，往後似乎不必再爲此掛心。

然而，這可能嗎？

他把這件心事向石見透露，石見坦率的說：

「我無能爲力。」

石見完全了解，小辛與呂牧之間的交情，就如同他自己與一起從廣州出來的朋友之間的交情；這是彼此分擔著悲傷或快樂的，聯繫著生命的榮辱的一種交情。然而，了解是一回事，要爲小辛提供某些建議卻是另一回事。

對石見的「無能爲力」，小辛能夠理解，這絕非一種推托。小辛知道，石見與呂牧的關係並不密切，就常情而論，他們之間還存在著彼此認知的障礙。那末，即使石見提出建議，坦白說，自己也未必採納。

獲得這個嚴格說來不能算是結論的結論，小辛在石見停留台北的五天期間，沒有再提起呂牧。

石見在台北，大部份時間都在辦事，只有晚上才與小辛見到面，然後同去看望知心的朋友。他們在第四個晚上才見到袁寶，主要是因爲袁寶在讀夜校。

三個人半年多沒有相聚，尤其是石見的遠戍令人掛心，見面後的話題，便極其自然的落在石見的近況上。

「我給冷公的信上，已經說了一個大概，」石見低沉的說：「其實，對我個人來說，也沒有什麼，反而給我一個多用腦筋的機會。不過，對小茵來說，眞苦了她。」

彼此陷入沉默，看得出來的是，石見提到「小茵」時，臉上有著歉意，袁寶的娃娃臉繃緊著，而小辛的表情冷上加冷。

「好在這段生活總會有一個結束，」石見提高聲音，打破沉默說：「我這次來台北，可能有點希望調高雄，也可能退下來——」

「能退最好，」袁寶接應著說：「退下來，我建議石見考夜校，我現在發覺，我們太單薄了。」

「這方面我要考慮，」石見說：「因爲事實擺在眼前，你的生活條件允許，我呢？恐怕要先打好生活條件的基礎才行。不過，我倒要建議小辛，不妨試一試。」

袁寶與石見的話，猶似針刺，小辛有一種被扎的痛楚。他在想：自己也快退下來，在社會上謀生，不是易事。然而考大學，談何容易？

小辛在兩個人的注視下，想了一想，遲緩的說：

「我還沒有想過這個問題，說眞的，我不敢想。」

「這爲什麼？」

袁寶認眞的問，石見似乎頗感驚訝，露出關切之情。

「我不行。」小辛低聲說。

「你沒有試過，怎麼知道不行？」袁寶追問。

「是呀，」石見緊接著說：「不試怎麼知道？小辛，我不是說你，你有時候把自己看得太輕。」

「這倒不見得，」袁寶提出異議：「小辛在寫詩上，可沒把自己看輕。」

「我是說有時候，」石見對自己的話加以補充，又強調的說：「試一試，小辛，拿章山跟袁寶作榜樣，膽子大一點！」

小辛不作答覆，基本上，他知道如果爲了未來自己要走的路更寬更平坦，現在考夜校讀書，一方面求得知識，一方面取得學歷，應該是自己的抉擇。然而，潛意識的作祟，把他的念頭帶往另一個方向，他覺得知識的求取，主要是生活的實驗，從生活的點點滴滴的積聚中，一個人也應能獲得成長與發展的持力。

由於小辛不作答覆，這個話題也就沒有再談下去。

當晚分手以後，在路上，石見與小辛保持相當長時的沉默，直到回到吉林路住處，石見才打破沉默說：

「小辛，我覺得你應該考慮，選一個適合的科系，試一試。」

態度是誠懇的，小辛心中十分感激。不過，小辛依然不作答覆。石見了解小辛那種冷冷的性格，他知道，小辛會躺在床上去想它。不過，他不希望，小辛苦苦的思索整夜。

性格使然，小辛一夜不眠，苦想著石見的話。

考大學夜間部？有這個能力嗎？或者，有這個必要嗎？小辛爲此惶惑。

人事資料與國民份證（這還是不久以前才辦的，三十多歲才取得這份證明，實在叫人啼笑皆非）上的學歷欄記載著：初中畢業。其實，這不確實，誇大了不少倍，彷彿不這樣填寫，生命就貶值了。小辛知道，這是一個性格猶疑與心思矛盾的結果；明明與事實相背，卻還是這樣填寫。

然而，這種作爲，只損傷了自己，對別人，又算作什麼呢？更何況，初中畢業怎算得是一頁輝煌的人生記錄？

初中畢業是沒有資格考大學的，再說，自己除了塗塗寫寫，也沒有別的能耐。想到這些，小辛不免難過。爲什麼小時候不好好唸書呢？

那段時日，不知道中了什麼邪，竟是那樣渾噩，那樣無知；拿一句現代術語來說：竟是那樣充滿叛逆性。

是缺乏家庭之愛嗎？事實並不盡然。那末，是什麼原因使自己不好好唸書，竟至於到處遊蕩呢？小辛陷在回憶中，他看到小時候的自己；小小的身影，迷失在號稱不夜城的上海的十里洋場中。

「天下沒有好老三。」這是鄉間父老的話。

「老三最沒有出息。」這是母親臨終的話。

爲什麼？爲什麼都要這麼說？小辛想爲從前的自己提出抗議。我是排行老三，可是，我小時候，尤其在母親死前，難道不是一個很聽話、溫順、聰明、乖巧的小孩嗎？我怎麼不會是一個「好老三」呢？怎麼會「沒有出息」呢？

小辛想不通，鄉間父老與母親，爲什麼要作這種預言？更想不通，這「預言」何以在母親死後竟應驗了。那時父親尚在重慶，母親的喪事由姨丈料理，守制以後，小辛與兄妹四人住進姨丈家。由於大哥的關係，小辛進入一所私立初中，讀到第三個星期，不知什麼緣故，他忽然不想讀下去，每天蹓到學校附近的中山公園，癡癡的坐在樹旁，一坐就是一整天。

大哥發覺這情形，學校已因小辛曠課太多予以開除學籍，要挽回已來不及。一個晚上，大哥把小辛帶到中山公園，大哥的臉色鐵青，在燈光下，顯得十分駭人。本來嘛，父親不在，長兄若父，然而小辛心中的恐懼只在一瞬間，當大哥問第二句話時，他已變得什麼都不在乎了。

「那麼你想做什麼？」

「我不知道」。

「又不知道？我問你，你是不是做了什麼壞事？」

「不知道。」

「你——」大哥非但生氣，還揮臂一掌，把小辛打退一步。

小辛摀著臉，沒說什麼。

大哥的眼眶紅了，也許不該揮這一掌，他走前一步，伸手搭上小辛肩頭，壓低聲音說：

「你一定有理由，不管什麼理由，只要你說出來，我不會責怪你。」

但是小辛實在說不出理由來。眞的，現在回想起來，也想不出那個理由。

這次「事件」之後，父親從重慶回來，一定人遷入一幢寬暢的公家宿舍，然而小辛並沒有那種「團聚」的感覺。不久，父親娶了繼室，小辛進入另一所中學，爲免「重蹈覆轍」，父親爲小辛辦妥在校住宿，雖然那所學校距離家中只隔了兩條馬路。

重新開始求學，小辛懷著欣喜的心情，在功課上雖然落後一截，但不久就趕上別的同學。那所中學分設高初中部，校舍一隔爲二，但住校的學生不分高初中，都生活在一起。

學校在市中心，大上海的地價昂貴，所以沒有操場，只有一個設置了單邊籃框和一張乒乓球桌的小型室內運動間。小辛在小學時，就顯露了運動方面的長處，尤其是踢足球與打乒乓球。在上海市西區，小辛曾是小學級小型足球代表隊隊員，踢後衛位置，並擅長勁射攻門，劘球功夫也甚到家，這使他頗爲自傲。然而，這所中學沒有操場，「英雄」無用武之地，只好退而求其次，在乒乓球桌上顯身手。

但是，小辛發現，那唯一的球桌，幾乎是高中生的專利，初中生根本沒有份兒。而在喜歡打球的高中生中，小辛又發現，似乎總是那幾張熟面孔。爲什麼總是這幾個人呢？而且，都是住校學生，在飯廳裏經常狼吞虎嚥搶東西吃的那幾個？

小辛心裏很不服氣，然而，初中一年級生，能跟那些高中生去爭嗎？爭得過嗎？作了一番衡量，天性柔弱小辛更膽怯了。他爲此苦惱，整整一個月，他在課餘時間，想著這件事。但是想不出任何辦法，他只好每天如法泡製的，站在距桌球檯旁兩公尺遠的走道上轉來轉去，有時突然停住，用羨慕的眼光看那些打球的高中生，心裏說不出是什麼滋味。他覺得，有時已不是這項運動的誘惑，使自己心生一種不克自持的衝動，非要打它一盤不可，而是對那些高中生，他們的怡然自得，目中無人，在小辛看來，不僅是一種諷刺，更跡近挑戰。

小辛覺得他們太霸道，他準備接受挑戰。

然而，他還是只有從旁觀望的份兒，因爲他不能說服別的初中一年級生甚至初二、初三學長，與他採取一致的行動。只有自己一個，他不敢。

雖然如此，小辛至少保有看高中生打球的權利，甚至，他覺得很委屈的，偶而還替高中生們檢檢球。沒想到這種自覺委屈的行爲，換來了打球的機會。

那個機會，小辛抓得很緊，卻也給自己帶來極深的影響。事情是這樣開始的：

這天，外面落著雨，吃過晚餐，自修課前的一個半小時，住校生在沒地方可去消磨時間的情形下，除了少數幾個抱著課本進教室，大家不約而同，都來到室內運動間。小辛是僅有的初一住校生，在別人眼裏，是個不起眼的小不點兒，所以，打籃球沒他的份兒。不過，對小辛來說，他在籃球這項運動方面一直不發生興趣，原因呢？也許是自己長得矮小，或者是家中已有了一個出色的籃球健將——二哥，所以，沒人找他打籃球根本無妨，何況是單邊籃框，又有那麼多人擠在一堆。小辛對一直沒有機會打乒乓球，耿耿於懷，他心中幾乎生出恨意，這一天亦復如此；睜大著眼睛，心中燒著怒火，瞪視著那些高中生。

白色的小球一來一去，忽左忽右，打球的人有說有笑，看球的人連聲叫好，看得小辛恨不得走上前去，搶過球拍來。然而，這會有什麼結果呢？說不定挨一頓揍；小辛不想自討苦吃，只有怒目瞪視。

他幾乎遷怒那白色小球，所以當一次殺球未被這方接住，球從桌面快速彈落，彈到自己腳旁時，他眞想舉腳踩碎那小球可是，想像中衆拳齊揮，挨打的痛楚，使他立刻改變態度，俯身撿拾起小球。這方的球員走過來，從小辛手中接過小球，彷彿想說什麼，卻欲言還休，回轉身繼續打球。

對方又一記猛抽，力道用過頭，小球落入地面，一滾再滾，滾到小辛腳旁，小辛一面撿球，一面心中暗咒：

「臭球！」

小辛把球交給這方球員，這一次他開口了：

「你是不是想打一盤？」

怎麼不想呢？小辛心裏這麼想，嘴口卻不敢表明。他實在想不到，對方竟把球拍遞了過來。但是，場邊有人似乎不同意，在嚷著：

「喂，大頭，你是怎麼回事？」

「我看這小鬼很可憐，天天在旁邊看，」大頭提高聲音說：「讓他過過癮。」

「你眞慈悲，」有人不以爲然，半帶諷刺的說。「惻隱之心人皆有之嘛。」大頭說，一面慫恿小辛：「去吧，好好露兩手給他們瞧瞧！」

太意外了，小辛不知怎麼好，他猶豫片刻，終於深吸一口氣，鼓足勇氣走近球檯。

「打六個球，」對方球員顯得老大不願意的說：「過了癮你就滾蛋！」

「嗳，講話客氣一點。」

倒是大頭，眞有惻隱之心，他走過來拍拍小辛的臂膀，鼓勵的說：

「把他打下來，叫他滾蛋！」

小辛一聽這番話，先前鼓足的勇氣洩了，他的手顫抖著，雙腿發軟，幸而燈光耀眼，沒讓人看出臉色的泛白。

不是比賽，卻有了比賽的性質，大頭的話，使場內的氣氛凝結起來，大家屏息著，等待球賽的開始。小辛的乒乓球技，在小學三年級時打下基礎，無論攻守，都很有幾下子，尤其是一個旋轉吊球再加一個反手急抽，是他的擅長，他準備用這套戰術克敵致勝。

然而，這一刻信心全失，他的手顫抖，連發球都把不穩。

「喂，你開球呀！」

對方不耐的催促，小辛只得再深吸一口氣，作好了打球姿勢，然後，左手將球輕輕上拋，右手執拍，一個轉球發了過去。

「大意失荆州」，老話有道理，對方由於根本沒把小辛瞧在眼裏，輕忽之下，竟漏接這一球。

場邊一陣喧鬧，七嘴八舌，有的責對方球員差勁，有的讚小辛發球厲害，這麼一來，對方球員有些顏面無光，態度立刻嚴肅起來，一面說：

「好小子，眞還有一手，來吧，發球！」

這一次小辛改用左側反手發球，球路陰柔，卻另其勁道，球落在對方右側，對方雖然接住，卻用力不當，球觸網而死。

「二比〇！」有人大聲叫出，跟著又一陣品頭論足，這一次可不是大意漏接，對方這才發覺，遇上了對手。現在輪到他深深吸氣了，他不僅深深吸氣，還束了褲腰帶，運動作引來一片笑聲，有人揶揄的說：

「小周，拿出吃奶的力氣來。」

小辛聽出是大頭的聲音，他敏感的發覺，情況有些嚴重，倒眞有騎虎難下之感。不過，這盤球總得打出個輸贏來。發現權在對方，小辛作好迎戰姿態。球發了過來，有力的一球，屬於剛猛的一型，小辛揮拍接球，球速緩慢，是一種旋球，落點飄忽，專門剋制剛猛的球路。

對方求勝心切，沒摸清球勢，急起揮拍，揮落了空。

「○比三！」又有人叫出。

在不若前兩球熱烈的喧鬧聲中，小辛發現。叫「小周」的對方球員，這時候已經臉色有變，而那個「大頭」，也透出驚異的神色，本來是打著玩玩，此刻卻顯得有些意氣之爭的味道。

小辛有點駭怕，不要爲了打這一盤球，挨一頓揍。再說，自己畢竟只是個初一新生，向高中生們挑戰，膽子也未免太大。他呆立著，想著要不要再打下去。如果要，怎麼打下去？放水？故意用力過猛，把球打出檯外？如果不要，又怎麼說？說自己已經過了癮？露了一手？小辛不能作決定，這時候，對方已發過球來，小辛來不及接球，輸了一球。一比三，對方打破鴨蛋，臉上展露了自慰的笑意，但瞬息即逝。

又輪到小辛發球，這一次，小辛不要技巧，一個平球發過去，對方輕鬆的擊回，這樣一來一去，雙方在十幾個來去之後，對方得到一個高球，猛力一抽，球來如矢，小辛本能的反應，退步矮身，揮拍一記反抽，反守爲攻，對方接球落空。

「四比一。」

「好球！」

兩種聲音同時響起，小辛還看到大頭在一旁鼓掌。也不知是怎麼興起這個念頭的，小辛覺得，大頭的鼓掌對自己是一種暗示，意思是要自己把「小周」打下去，叫他「滾蛋」！

這盤球，小辛以六比一取勝，打得「小周」悻悻然地摔拍而去。接著小辛又以六比二取勝大頭，六比四取勝住校高中生中的第一好手阿良，頓時變成了運動間的風雲人物，幾乎被抬著走出運動間。

一夜之間，在一百四十多個住校生中揚名立萬，小辛難免得意洋洋。這一夜，他輾轉不眠，想著天亮後不僅是住校生，甚至通學生，都將對自己另眼相看，那是什麼滋味呀！不過，小辛也在擔憂，他怕小周會把自己揍一頓，因爲小周在住校高中生中，一直是風頭最健的，不僅如此，小周也是住校高中生中的佼佼者，自己是初一新生，在桌球檯上殺小周威風，六比一的輸贏，這——，小周會忍下這口氣嗎？

惶恐不安，小辛唯一想到的，是必須求助於大頭。但是，怎麼向大頭求助呢？他想了半夜，沒有結果。

天亮，昏昏沉沉的邁進早自修的教室，只見小周的怒目迎向自己，躲不過這一頓揍，乾脆走過去讓對方打幾拳出出氣，然而，自修教室中的初中生多過高中生，他們站起來爲小辛歡呼。

這不是給小周難堪嗎？再說，督導自修的老師也會不高興，小辛突然覺得，當英雄的滋味眞不好受，但他沒有想到，在老師的訓斥之外，還有更難受的。

小周忍不下這口氣，他要報復。

「要給這小子一點顏色看看！」

小周放出空氣，一位好心的住校高中生把這句話傳給小辛，要小心愼防。然而小辛心地單純，總認爲那只是說說而已。從此不去運動間，處處避開小周，還會有什麼事？要不然，當著全體住校生的面，向小周道歉，說是自己贏得僥倖，甚至是用了不當的技巧才打敗他的，請他原諒，不也解決問題嗎？

事實上，小周把這件事看得不那麼單純，原因在於，他在一些女同學面前的偶像地位動搖了，而且，他又是這所學校校董之一的獨生子，丟他的臉，也等於丟了那位校董父親的臉。小辛在事後，才知道事情如此嚴重。

小周整小辛，自己不出面。他的主要助手是阿良，與一個初中二年級生。那個叫小吉的初二生，聽說是小周的鄰居，也住校，長得眉清目秀，卻心思機巧，甚至有些歹毒。透過小吉，小周達到初中住校生都不跟小辛來往的目的，小辛被孤立，最使他感到這種被孤立的嚴重性，是在飯廳裏。小辛在每個星期整整六天中，幾乎沒有吃過一頓飯，只有星期假日回家，才狠吃三頓。住校生八人一桌，四菜一湯，小辛的一桌，全是初二住校生，包括小吉在內，他們商量好，只要舍監一叫開動，就四人伸手端菜盤，一人伸手端湯碗，另兩人攔阻小辛，形同挾持，然後四人把菜迅速倒入自己的空飯碗，一人把湯先喝它幾口，再倒入空飯碗，小辛只好吃白飯。

飯廳之外，也有整人的辦法，譬如上早自修或晚自修，有人偷偷跑到小辛背後，然後用橡皮筋彈弓，彈出紙摺的彈丸到別人身上，再把橡皮筋彈弓順手扔落小辛桌上；贓物在桌，賴也賴不掉。這陰謀後來經督導老師查覺，卻未加處置。再譬如早晨上洗臉台，總有人推來擠去，不讓小辛佔到佔置。

這場「整人的把戲」演了將近一個月，住校生中才有人實在看不過去，挺身而出，替小辛打抱不平。然而，這也導致小辛被開除學籍。這是因爲，打抱不平的同學實在看不慣小周平時的「作威作福」，兩種情緒相加，怒火中燒，動手把小周狠狠打了一頓，而且打出傷來。小周的父親是校董，校方能不照校董的意思辦事嗎？於是，那位方同學被記兩大過，而導火線的小辛，由於小周父親的堅持：開除學籍。

這件事的影響，決定了小辛的半輩子。

「眞不是讀書的料！」父親感傷的說。

「算了，不要讀書啦，跟我去學做生意。」開百貨店的姨丈說。

「到鄉下來，安安份份做個種田人。」外婆來信說。

而繼母沒有表示意見。在「家庭會議」裏，最後還是大哥的話有份量。

「讓他再讀一個學校吧。」

作了這個決定，父親費了很大功夫，才托人透過關係，把小辛送進另一所學校。

這所學校的校舍，本來是一座祠堂，據說，還曾經停放過等待歸葬的棺柩，在日本人佔領時期，又爲儲放廢品的庫房，因此也有人說，這裏常鬧鬼。

學校的房舍，除了新建的辦公大樓與女生部教室，大部份都已陳舊失修，顯得陰森森的，尤其是從前的祠堂正廳與兩側廂房，移作禮堂與初中部教室，由於照明設備不好，隔間又不當，不僅光線暗淡，還悶熱不堪。不過，操場倒是很大，有兩座籃球場，一座小型足球場，六張桌球檯擺在正廳前的大天井裏，另外還設置了多種運動設備，看來很具規模。

學費貴得駭人，幾乎是小辛從前就讀那所學校的一倍半，所以父親說：

「你要好好給我唸！」

據說校長先生是一個大胖子，不是辦教育出身的，從前做過錢莊的老闆，抗戰勝利以後，結束錢莊生意，開了一家專賣泊來品的百貨店，交給兒子經營，自己就辦起學校來。

這塊校地，勝利後成了會產，校長先生想了很多辦法以低價買到手，花錢蓋了辦公大樓與女生部教室，舊房舍只叫匠人稍加整修，然後在運動場地與設備上花了一筆錢，學校就這樣辦起來。

校長先生在上海社會上吃得開，不愁招不到學生。據說六年前學校開始招生，報名的多到六千多人，而學校所能容納的，是初中一年級男女生各三班，初二、初三男女生各二班，高中不收女生，從高一到高三各二班，最多也不過一千二百名。

學校開辦時還鬧過笑話，校長先生在商場上的朋友，送來道賀的匾額，上面竟刻著「開張大吉」這四個字，這塊匾當然沒有掛出來。不過，在校長室門口掛著一幅橫軸，上面龍飛鳳舞的寫著「得天下英才而教之，不亦樂乎」，卻也常成爲學生說笑的材料，因爲大夥兒都是「英才」，豈能不「不亦樂乎」？

校長先生不常露面，據說是另有要務，校務由教務主任負責；這位瘦高身材的中年婦人是校長的姨妹，憑這份關係，當然大權在握。她什麼事情都管，從工友打掃校園到住學生的用水管制，任何一件事，都在她嚴密的監督下執行。學生們都在背後叫她「巫婆」，也有人叫她「後娘」。她喜歡訓話，朝會時得講十五分鐘，下午降旗典禮講十分鐘。晴天在操場，雨天在禮堂，講的都是人生大道理，什麼「修性養心」、什麼「格物致知」、什麼「孝悌忠信」、什麼「節儉簡樸」，好像很有學問。

教務主任管制住校生用水，嚴格到近乎苛刻，不過，她有一番道理：「養成節約的習慣是一種美德」。幾乎每天一早，她都會出現在住校生寢室外的漱洗台旁，胸前掛著一個哨子，看到誰水龍頭開得太大，或水從洗臉盆中溢出，就拿起哨子「嘟」的一聲，喊著：

「龍頭關小點，水不要滿出來！」

所以，住校生另外給了她一個綽號：「海龍王的丈母娘」。

有時候，她也陪住校生吃飯，其實不能說「陪」，而是來監督，來了解住校生吃飯的實際情況。說起來，這所學校的伙食實在不壞（當然繳費也高），不過，年輕人愛新鮮，喜歡常換口味，肉吃多了，想吃青菜，湯裏油膩太重，想換個清爽，每天都有意見反映到舍監室，舍監不敢作主，於是，教務主任親自出馬。

「海龍王的丈母娘來啦！」

消息傳來，飯廳裏噤若寒蟬。教務主任爲表示她的作風開明，一進門，就向住校生問好，然後，不坐到特地爲她準備的餐桌，而隨便坐入學生的一桌，笑嘻嘻的說：

「你們這桌的菜多。」

其實，每桌菜的份量都一樣，分菜的老高眼明手快，也不敢有任何偏私，教務主任這麼說，不過是討取那一桌同學的歡心而已。

同學們可不願意跟她共桌吃飯，因爲有她在旁，大家都不好意挑自己愛吃的菜，也不敢大筷子挾菜，細嚼慢嚥，大家不習慣。這還其次，她還會邊吃邊問：

「這好不好吃？」

「你喜歡吃嗎？」

「你吃幾碗飯？」

甚至，她還問到同學的家庭，父親是做什麼的？母親是做什麼的？家裏有幾口人？有些什麼親戚？親戚都做什麼事？等等問題，弄得被問的同學忙著回答，一頓飯只吃個半飽。

小辛也遭遇到這麼一次，那是他到校的第十四天。

「你是插班進來的吧？」

「是的。」小辛緊張得站起身。

「坐下來，我隨便問問，你不必站起來回答。」

「是。」小辛依言坐下。

「本來在什麼學校？」

「××中學。」

「爲什麼不在那裏讀下去呢？」

「我——」小辛不知怎麼回答：「我我——」

「我知道，不過，錯不在你。你父親在××銀行？」

「是的。」

「做什麼事？」

「我也不清楚，好像是什麼主任。」

「對對，是秘書主任，秘書室主任。聽說你母親過世了？」

「是的」。

「繼母對好不好？」

「很好」。

「你家有什麼親戚？」

「姨媽、姨丈、外婆、舅舅、大伯、二伯，還有姑媽。」

「很好，你姨丈做什麼？」

「開店，在愚園路。」

「喔！大伯二伯呢？」

「都在杭州。」

「做生意嗎？」

「我不清楚。」

「嗯。對啦！你姑父是將軍，在南京對不對？」

「我不清楚。」

「你怎麼會不清楚呢？你能到本校來讀書，還是你姑父托人求校長，校長才交給我辦的。」

「我——」

「好了，你快吃飯。以後見到你姑父，代我問候他，還有你姨丈，你應該請他來學校參觀參觀，聽說你姨丈也是你的義父。」

教務主任總攬全權，訓導主任就顯得沒有什麼地位了。這位好好先生，是校長兒子的同學，後來又讀過兩年師範學校，所以有辦教育的資格。不過，他太老實了，在學校裏，他的工作是陪陪來校參觀的學生家長，教教初中生的公民課。

學校裏另外一個權威人物，是庶務主任，她是校長的另一個姨妹，也是瘦高身材。跟教務主任不同的是，她這個作妹妹的，不愛說話，學生很少看到她，偶然看到，學生向她敬禮，她總是不採不理，一派凜然不可侵犯的樣子。她替校長先生管荷包，兼辦秘書工作，跟學生的關係不很密切，所以，學生們對她的目中無人，也無所謂。

不知道是不是因爲教務主任是女人，學校裏的教職員女多於男，顯得陰盛陽衰。叫人不解的是，連門房都是女人，不知她跟教務主任有什麼關係？門房姓廖名金花，學生都叫她廖媽媽，教務主任則直呼其名，老師們都叫她廖嫂。廖媽媽大概是第三位有權有勢的，五十多歲，矮胖矮胖的，嗓門大，腿勁足，眼球暴出，一副兇相。學校門禁森嚴，閒雜人等休想跨入，這全是廖媽媽的威風。學校規定住校生除了星期六下午放假回家，平常一律不准外出，廖媽嚴格執行，誰也不能通融。不過，唯一的例外，是高二一位叫廖順通的住校生，據說一則是廖媽媽的本家，一則他的名字取得好，「順通」，「順利通行」，他享有特權，除了上課時間，要走就走。

廖順通的「順利通行」，不受門禁規定所限，其眞正原因，小辛到後來才弄明白。原來，這對廖媽媽有好處，當然，廖順通也好處多多。什麼好處嗎？廖順通並不隱瞞，他稱之爲「服務費」，住校生則叫做「跑腿錢」。廖順通出校門，並不是家裏常發生什麼事，他是替住校生出去買學校福利社買不到的零食。譬如燒餅、烤蕃薯、糖炒栗子、臭豆腐等等，「跑腿錢」加二成，同學們嘴饞，心甘情願的照付。廖順通把二成跑腿錢一分爲二，自己一份，廖媽媽一份。有了不費力氣的好處，廖媽媽自然樂得做這份人情。

小辛不知道教務主任有沒有從廖媽媽那兒得到好處，根據自己的計算，全校二百六十四個住校生，只要每天有一半人，向廖順通付跑腿錢，這筆錢的數目就相當可觀。小辛也付過這種錢，不過次數不多。

教務主任、庶務主任、門房廖媽媽，學校裏的三巨頭，一鼎的三足，支持著校務。小辛幾乎沒見過校長，只有一次，校長陪市政府的官員來視察，才從老遠的角落，看到胖胖的身軀，卻沒有看清那張臉。

校長難得露面，教務主任又不是辦教育出身，訓導主任形同虛設，庶務主任精於盤算，再加上門房的得寵，如此等等，這所學校辦得如何，大家可想而知。不過，它在學科方面辦不好，學生成績普遍低落，術科方面，尤其是體育，卻辦得大大有名。籃球隊、七人制足球隊、十一人制足球隊、乒乓球隊等等，在附近一帶，沒有對手。

小辛有了前次經驗，沒有參加任何球隊，技癢時，偷偷打它一盤乒乓球，總是先贏後輸。踢足球也一樣，裝作不會，體育老師把他編入「朽木不可雕也」的丁組。

不重學科重術科，而且收費的名目特別多，這學校若以學店視之，並不為過。小辛清楚的記得，有一回又要學生繳費，每人一張通知單，上面寫著「校長×××先生六十生辰。……特發動全校師生樂捐……興建××堂……」等等字樣，發起人一大串，由教務主任領銜。小辛把單字交給父親，秉性耿直的父親一看就不高興，扔掉單子說：

「我們不繳這種費！」

那時大哥不在，二哥拾起單子看了以後，添醬加醋的說：

「這種學校，讀了也沒有用，退學算啦！」

二哥那時不知參加了什麼活動，受了什麼影響，總是「富人」、「窮人」的，看不慣「爲富不仁」，一心想著要爲「窮人抱不平」。

父親平時不怎麼看重二哥，這一次不知基於什麼原因，竟同意二哥所說「退學算啦」，對二哥說：

「後天你去辦！」

就這樣，小辛唸了三所中學，三次初中一年級上半學期，中止了學生生涯。這倒不是父親不讓他再唸書，而是家庭變化，小辛偷偷跑去當了兵。

在退學後與當兵前這一階段，小辛閒著無事，每天領了零用金，甚至還到姨丈那兒去要錢，把自己交給電影院、遊樂場。他經常都到南京路，要不就去逛城隍廟，直到大哥回來，狠狠地揍他一頓，這才收心，在家溫習功課。

這五個月，他接觸到文學，特別是小說。大哥有很多藏書，小說類的尤其多。小辛在初次接觸時，覺得十分陌生，隨便翻動著，跳行的看，過了幾天，竟有了興趣，書中的故事吸引他，使他看得廢寢忘食。

然而，繼母越來越厭惡小辛，不按時吃飯，不關燈睡覺，不幫忙做家事。「你是小祖宗啊！」繼母綳著臉說。從那天起，父親規定，晚上看書只准看到九點，要按時吃飯，幫忙洗碗擦地板。這不是小辛離家出走的主因，他出走是因爲看不慣繼母對妹妹的態度，妹妹身體不好，要人照顧，可是繼母也說：「妳是我的小祖宗啊！」小辛把這件事告訴大哥，大哥很生氣，自己作主，把妹妹送到姨媽家，請姨媽照顧。父親從南京開會回來，知道這件事，把大哥訓斥一頓，小辛是禍首，挨了一耳光。大哥爲此搬進學校宿舍，二哥本就住校，爲此也更少回家，剩下小辛，每天面對冷漠不語的繼母，這個家他己耽不下去，於是又開始到處遊蕩。直到有一天，在北火車站，一塊「免費遊北平」的布幅吸引他，報了名，換了身份，小辛穿上了二尺半。

爲什麼小時候不好好唸書？爲什麼？這問題的答案是一番苦澀的回憶。那末，在回憶之後，冷靜下來想一想，憑自己這點能耐，夠資格考大學嗎？即使是夜間部，也差了一大截。而且，再想一想，有必要嗎？

雖然退伍在即，沒有一技之長，將來生活有問題，可是，去唸五年大學，除了取得一份學歷證明，謀事比較容易之外，自己已經定型，還能學到些什麼謀生之技呢？

這番思索，使小辛決定，對石見的建議不作考慮。

石見明天回東部，小辛不打算在他走前把這決定告訴他，免得石見在火車上費腦筋去想。至於石見自己，他對「四年大學」抱持什麼態度呢？小辛沒追問。不過，在袁寶家，當袁寶提出這點，小辛曾仔細觀察石見的反應，小辛覺得，石見的態度有些模稜兩可。

結識石見多年，小辛發覺，石見有一套邏輯，那便是：「這個嘛——我看還是你行，至於我呢——」沒有下文。何以對自己不怎麼「看重」？這令小辛不解。然而，有些時候，石見又是充滿自信的，那份坦然的自尊，使他在同輩中顯得十分突出，甚至，在軍隊中，對他的上士身份，也頗爲驕傲，而說：「我這上士，是幹出來的！」

七

石見確實轟轟烈烈的幹過。不過，在「少年不識愁滋味」的年齡，怎懂得「轟轟烈烈」的含義？那年，與年齡不相上下的鄉友，出川東行，怎知一別就再也見不到這「天府之國」？他們一夥人由湖南、廣西入粵，在廣州城暫時歇腳。石見曾獨自往謁黃花崗烈士碑前默念良久，他不解，爲什麼國土時被炮火所肢解？爲什麼生靈流離失所？他小小的年紀承擔了家國之憂，然而，這能說是早熟的因素嗎？

與小辛一樣，石見也沒有唸多少書，不同的是，小辛是城裏的孩子，石見是鄉下的孩子，一個是有機會而不能把握，一個是根本沒有機會。

現在他默默的點燃香煙，平快車擁擠不堪，也許是週末的緣故吧？石見吸著煙，想著與小辛握別時，非常情緒化的那一番「擁抱」，不禁對自己十分不滿。

「何必如此作態？」他自問著。

其實，這極可能是三杯下肚，眞情的情露哩！不過，在大庭廣衆之下，總覺得有點逾越了什麼。

石見又吸一口煙，試著用吸煙來把這件事沖淡，可是，小辛以及袁寶的臉，竟在煙霧消失的過程中，慢慢的浮現出來，起初還飄忽地，後來竟凝固成形，幾乎可伸手觸及。

這或許是感情到了某種地步，再也不能勉強抑制。石見獲得這個結論，對自己說：

「好吧，就讓他們陪我回高雄。」

他調整一下坐姿，閉上眼。

總有十六、七年了吧？袁寶與小辛先後進入石見的生活圈，要說何者爲媒介，應該是詩。那時候正醞釀著「現代派」的成立，「老朋友」到處「招兵買馬」。在濟南路二段的公家宿舍，十坪不到的紀宅，年輕的慕名者常常擠滿斗室，有學生、軍人、社會人士，都會寫幾行詩，大家都以能得到「老朋友」指點爲榮。石見雖是紀宅座上客，不過，他從來不帶作品去，他只是去聽「老朋友」講話，因爲他覺得，「老朋友」講話時的神情、語調與手勢，跟他服務單位的長官不同，這給人親切的感覺；石見需要的是這種親切，他覺得自己受到了別人的尊重。

但是他不常去，這也許是爲了使受到別人尊重的感覺，能夠適度保持而不變質。大概是第三次去吧，紀宅的小院子裏一棵矮小蟲蝕的番石榴樹開出了花，石見才第一次打破緘默，在衆多客人靜聽「老朋友」滔滔不絕時，突然插嘴打斷「老朋友」的話，大聲說：

「先生，你家的果樹開花啦！」

這突兀的話令座上客均感意外，大家轉臉相看，心想：這話是什麼意思呢？等到大家弄明白眞相，「老朋友」問道：

「不會結果子吧？」

問話中似乎已有了答案，但是，石見卻說：

「要看你怎麼照顧這棵樹。」

「唷，這倒是一門學問，」「老朋友」說著站起身，走到窗邊，向小院子看望一番，又說：「我不懂植物學，不過，我的兒子們懂，我叫他們好好照顧。」

話題轉回到先前談著的，在座的人只有一個例外，那是袁寶，他覺得雖然見過一次面卻還未曾互通姓名的這個微微歪嘴的小子很有一套，也許除了觀察的精細之外，還懂那麼一點植物學吧？他覺得有跟這小子論交的必要。

於是，那天離開紀宅，兩人走在一道，在互通姓名後，親熱的聊起來。

石見覺得要是把大好時光都耗在閒聊上，或者死啃書本，那是極可惜也沒什麼用的。本來，在軍隊基層單位，自己所擁有的時間並不多，但石見很會支配這些自己擁有的時間，看書、到野外去、跑圖書館交朋友等等，他的善於利用時間，使袁寶很佩服。袁寶在這方面向石見看齊，兩人的友誼迅速增長。

不久，在「現代派」成立的聚會中，小辛出現了。

這小子的瘦臉上長滿青春痘，慘白的臉色，一付營養不良的樣子。說眞的，在那天到會的幾十個人當中，小辛最不起眼，也許是一臉青春痘吧？他低頭著，神情畏縮。然而，石見注意那張疙疙瘩瘩的臉上有一雙明亮的眼睛，這雙眼睛傳遞出內心的純淸與一種熱望。他開始試探地接近，慢慢的挪動腳步，走了過去。

「你在陸軍？」石見挨近小辛後，以一種搭訕的態度探問。

小辛吃了一驚，遲疑片刻，才輕聲回答：

「是的。」

「部隊在——」

「桃園霄裏營房，」迫不及待的回答：「我在師部，幹文書。」

「我也是，」說著，向距離三、四公尺外的袁寶招手：「喂，袁寶，你過來一下。」

袁寶應聲而來，石見拉起袁寶的手說：

「這是袁寶，也幹文書，你們認識一下。」

就這麼結為朋友，三個文書，差不多的年齡，也差不多的身高體型。不過，那天他們並未深談，小辛是請了半天假出來的，必須趕回部隊銷假。他們交換了通信地址，決定以書信往來，建立友誼。

三個人當中，小辛的外貌看似冷靜，內心卻極易激動，他回到部隊，就在日記上寫下這一段。

「沒想到今天的台北之行，會有豐富的收穫，我拜識幾位心儀的詩人，也結交幾位朋友。我相信，從今天開始，只要我努力，在寫詩上一定會有進步，因爲朋友們會給我指點和鼓勵。……」

日記之外，小辛也匆促的分別給石見與袁寶寫信，說了些不著邊際的話，什麼「仰慕已久」、什麼「欽佩萬分」等等；後來石見曾拿這信中的不當用詞，對小辛說：

「咱們兄弟，不來這一套。」

然而，也許是城裏的孩子，比較世俗，小辛總不若石見與袁寶來得「灑脫」。常常，在「大尉」家的聚會，他顯得很拘謹；但這卻頗獲「大尉」欣賞。「大尉」保持了良好的生活習慣，譬如說：桌上的東西每一樣都擺在一個位置，有人動過，如未放在原位，他會立刻發現。不過，對這群經常在週末到他宿舍的朋友，這習慣實在不易維持，所以，睜一眼閉一眼，等這夥人走後，再一樣一樣收拾。

在「大尉」那兒，說是不敢放肆，這群小伙子卻眞夠粗野，三字經不絕口，有次甚至還比賽誰能把尿尿過圍牆（幸而牆外是一塊廢地）。這種率性而爲，甚至有些「胡來」，使彼此更熱絡了，小辛漸漸發現，這夥人似乎每一個都有特殊的性格。譬如袁寶吧，總是一張笑臉，一笑出聲，先來「嘿嘿」兩聲，然後將右手五指合併伸直，極自然地伸臂揚掌，這表示「要得」。石見微歪的嘴，笑起來抿得很緊，歪度也就更甚了些。從袁寶的笑與石見的笑來加以區別，在性格上，石見似乎要深沉一些。

他們的聚會當然不僅是爲了吃「大尉」一頓，或說笑一番而已。好像是回家似的，他們把「大尉」的住處當作「家」，而「大尉」是這夥人的兄長。

常常，一進日式木屋的玄關，「大尉」人還在房裏，就知道是誰「駕到」。

「是石見嗎？」聲音從房裏傳來。

「是的。」

「你今天來得最早。」

「他們還沒來？」

「該來了。」

話聲方落，袁寶來到，接著是鄭韜，或是胡玲，小辛住得遠，行動也比較不自由，所以總是最後一個。

他們先是說笑一番，然後進入情況，認眞的說文談藝，在那個場合，小辛從不發表意見。他知道得不多，不敢冒然發言，所以，在餐桌上擺飯筷，常常由他動手。

「大尉」不吃豬肉，要爲這夥人——後來曾有朋友喜稱爲「蝗蟲東南飛」——張羅飯菜，倒眞煞費周章，「大尉」爲這夥人貼了不少錢。偏偏有人故意裝作不識趣，等到坐上餐桌，拿起筷子，唉聲嘆氣的說：

「唉，七日不知肉味！」

這人是鄭金川，在台大唸書，唸的是經濟，所以會盤算別人，再加上口齒伶俐，一開口，葷素不忌。「大尉」能容人，所以從不把玩笑當眞，不過，在讀書寫作方面，他是很認眞的，也要求別人認眞。

在將近一年半的時間，這夥人經常在「大尉」住處聚會，因而有「漳州街」這一代號，寫詩這一圈內的人，不少人都知道這「漳州街」典故。那時候鄭韜與胡玲彷彿在戀愛，又不太像，因爲大夥兒湊在一起，獨處的機會太少。後來胡玲飄洋過海，美國深造去了，小辛去金門，石見的行動也不再方便，「大尉」處的週末聚會，慢慢宣告結束。

石見、袁寶、小辛三個，就是在「大尉」處經常見面，相互間有了較深了解，終於結成打不散的友誼。說起來，這已經是十五年前。

如今三個人各自東西，石見遠戍台東，家在高雄。小辛還是個孤家寡人，正等著退伍令。袁寶比較安定，也比較有成就，結婚後一面唸夜間部一面做學術性研究，他寫的一連串論畫的文章頗獲好評，文筆犀利，見解獨到，雖不免冒犯他人，不過卻不是無的放矢。

這次石見來台北，有一個傍晚袁寶蹓課，跑來與石見、小辛敘舊。三個人吃小館子，少不得抱瓶而飲。三杯悶酒喝下肚，石見首先開腔。

「聽說木公在紐約很潦倒。」

「這是一定的。」袁寶說。

「此話怎講？」小辛問道。

「他不好好作畫，帶去的都是小品，人家怎麼看得上？」袁寶說：「再說，他不能開口，必須有人翻譯，就更難跟洋鬼子溝通。」

「我當初就勸木公，過一陣子再走。」石見說著，抓幾粒花生米扔入口中，津津有味的咀嚼起來。

「木公不太接受別人的意見，」小辛說：「他走前三個月，我差不多每個禮拜跟他見一次面，我一直要他把作品畫好，因他手旁的那些作品是不行的，帶出去會讓人笑話，他不接受，還說我不懂。」

「這要怪那位王二小姐，」石見說。

「怎麼說？」袁寶問。

「你問小辛呀，王二小姐是小辛的乾妹子。」

「不錯，」小辛立刻接口，朗聲說：「木公被愛情沖昏了頭。有一次他對我說，如果在紐約畫展成功，畫都賣出去，他就叫王二小姐到紐約辦婚事。」

說過這番話，小辛頗感後悔，因爲這是在揭人隱私，很不應該。不過，這情緒也只是一閃即逝；他們這夥人，似乎把議論朋友當一件樂事，小辛尤然。

三個人互喝一口酒，石見在挾菜時低聲說：

「木公的愛情是一杯苦酒。」

「不能這麼說，」袁寶加以糾正：「當一個人願意自討苦吃，這苦對他來說，也就有了甜味。」

「這是什麼邏輯，難道說你老弟——」石見故意拖長那個「弟」字，顯得神秘兮兮。

袁寶笑出聲來，做著習慣性手勢，一面說：

「別扯到我身上。我是說，各人的品味不同，體認不一樣。木公跟小辛有個地方很接近，兩個人都容易悲壯，也喜歡悲壯，木公這段情，也可說是悲壯所換來的。」

石見覺得袁寶說得很玄，小辛卻有同感。

畢竟，木公此人，小辛較爲了解。

主觀、衝動，有意的不修邊幅，是木公形之於外，被人看得出來的缺點。但是，他率眞、熱情、不打誑，這些優點足以彌補缺點。他是畫家，也是詩人。在感情生活上，木公不善於處理，所以，給人的印象不佳。小辛這夥人都知道，木公追求過不少異性，其中還有空中小姐與歌星，可是，都白花錢。王二小姐這方面，倒眞是好過一陣，木公去紐約開畫展，多多少少是受了她的鼓勵；說難聽一點，是受了慫恿。王二小姐是個十分任性的女孩子，會做家事，卻很懶，這方面跟木公倒很配得來。

不過，小辛似乎早就看出，這兩人的戀愛大有問題，不會有什麼結果。所謂愛，當然絕不是荷爾蒙的作用而已，但這兩人，卻都屬於衝動型的，所以，荷爾蒙作用佔了極大的成份。

小辛在這方面，說得上是潔身自愛。他曾有一段單線的戀愛，深深以爲被一個女子愛著，但當石見他們問起，小辛卻說：

「誰會愛我，誰來愛我？」

事實上，在獨處時，唸著那女子的信，即使信中的語句含意淡漠，小辛仍認爲被愛得很深。這也好，這使那時病中的身體不致垮下來。

從這件「戀事」可以想像，小辛在面對眞實的愛情時，將會怎樣的惶恐失措。木公可不是這樣，他膽子大，敢於向異性挑逗，至於後果如何，則又另當別論。拿王二小姐來說，最初引發這件戀事的，是一場聖誕舞會，緊緊的擁抱，貼面而舞，一絲愛苗在舞會之後滋生。突然有一天，木公闖進袁寶家，氣急敗壞地說：

「阿寶，我有事找你商量！」

袁寶正在作畫，突如其來的客人，使他吃一驚，等看清來人是木公，又聽了木公這麼說，他反而放鬆心情，低聲問道：

「有什麼大事？瞧你這一頭汗水。」

本公本能的反應，舉手抹去汗水，急促的說：

「她愛上我了，你說怎麼辦？」

「她愛你，你愛她，」袁寶輕描淡寫的說：「兩情相悅，不就行了嗎？」

「不不不！你不知道，」木公急得漲紅著臉：「這很嚴重，我不知道怎麼辦，所以來找你。」

在朋友心目中，袁寶在對待女孩子方面有一套，所以堪當朋友們的戀愛顧問。但在結婚後，他收了心，也不願朋友們談起過去種種，在這種心情下，他對木公的跑來討教，是不怎麼樂意接納的。不過，多年的朋友，從前相處時幾乎無所不談，這份感情的聯繫，使他不能不代木公出點主意，更何況，從木公的神情看來，這件事不像是神經過敏，而是眞相當嚴重。於是，擱下畫筆，袁寶認眞的說：

「我沒什麼主意好出，不過，你既然來找我做參謀，總得告訴我那位小姐是誰。」

「你不知道她是誰？」

這話問得突兀，袁寶頗感意外，攤開手，搖搖頭說：

「不知道。」

「她是王×呀！」

「啊！」

這一驚非同小可，袁寶猛一轉身，手一抬，差點把桌上的墨汁瓶碰翻。他沉思片刻，抑制情緒的急劇起伏，然後關切的說：

「老太太知不知道？」

木公點點頭。

「你們的感情發展到什麼程度？」

木公沒有回答。

「有了關係？」

木公又點點頭。

這情形更嚴重了，袁寶不知怎麼說才好。想了許久，他壓低聲音，使語氣儘量緩和：

「老太太那邊會是一道難關，你一定要好好孝敬這位老人家，對王×你也要好好照顧，她很會使性子，你要順著點。」

停頓片刻，想起了什麼，又說：

「小辛知道嗎？」

木公搖搖頭。

「你應該告訴小辛，他是老太太最信得過的，老太太那邊，他幫得上你的忙，還有，你告訴小辛的時候，要婉轉一點。」

木公很感謝袁寶，他覺得，十多年相交，袁寶給人的印象，很多方面似乎都不合常情，而這一次，說得條理分明，難道以前都看走了眼？

那天下午木公就來找小辛，把上午到袁寶家的一切都告訴小辛。對這個突發事件，小辛極感錯愕。半年多時間，在王家經常出入，共桌吃飯，共室聊天，他竟對此事一無所知，這只有一個字結論：蠢！

不過，這總是一件好事，小辛為木公高興，至於怎麼在老太太身旁敲邊鼓，小辛說：

「這要慢慢來。」

誠如袁寶所說「她會使性子」，王二小姐給予木公的愛情壓力，使木公喘不過氣來。那段日子，木公見到小辛或袁寶，總會求援似的說：

「我受不了，怎麼辦，你說怎麼辦？」

從這方面看，木公決定出國，去紐約「碰碰運氣」，恐怕就不單純是為了舉行一次畫展吧？小辛曾對石見說過：會不會是愛的逃遁？但是，看來又不是如此，因爲木公臨上飛機的那一天，小辛去幫著清理行囊，那小倆口是那樣的依依不捨，木公眼淚汪汪，不斷的擤鼻涕，王二小姐早就紅腫著眼睛，小辛受著感染，也泫然欲泣。

然而，情形在木公走後起變化，王二小姐在幾個月後遠嫁香港。木公在紐約的潦倒，不能說這不是主因。

談著木公，三個人的心情都不好，如果不改換話題，恐怕有人會醉倒，於是，石見首先引出新的談資：

「小辛，你要快馬加鞭呀！」

小辛知道這話是什麼意思，卻不答腔。

「怎麼，你沒話說？」袁寶的話帶點挑逗性。

「說什麼呢？」小辛實在不願意談自己，淡漠的說：「連邊都還沒有沾到，有什麼好說？」

「不至於吧？」石見歪過脖子說。

「事實如此。」小辛說，一面舉起酒杯，嚷著：「來來來，我們乾一杯。」

這個掩飾動作並不高明，石見與袁寶都拒絕乾杯，袁寶甚至說：

「好啦好啦，你臉上已經夠紅了，何必不好意思說呢？」

「你們都已經知道，算了吧。」

小辛放落酒杯，掏出香煙。

「我不知道呀！」石見在小辛擦燃火柴時，大聲說：「你多少告訴我一點。」實在沒有意思，小辛心想，能說什麼呢？眼前的兩位好友，都已經結了婚，有了女兒，自己只比他們年輕一、二歲，還在慢慢摸索，一顆心像井裏的水桶一樣七上八下的吊著，眞不是滋味。所以，他決定一句話也不說。

場面冷落下來，勢必再找話題。也許，這該是談些嚴肅問題的時候；三個人喝了一口酒，彼此心照不宣的有了這種體會。但是，誰也不願意先問口。靜默了很久，最後還是小辛鼓足勇氣把沉點打破：

「我有幾句話要說。」

「你說吧。」袁寶一揚臂，作出習慣性手勢。

「我覺得，這兩年來，我們都有些變，」小辛緩緩的說：「爲了適應某種形式的生活，我們在放棄以往曾經堅持過的——」

「這不儘然，」玩弄著筷子的石見，突然端正坐姿，作了一次深呼吸，嚴正的說：「我個人要表示反對。小辛你該明白，在大武，我寫給你的信上，是怎麼樣表明我的生活態度，我不會放棄過去堅持的東西，如果有，那也只是修正，不，我是說調整！」

語氣逼人，目光灼灼，袁寶覺得事態有嚴重起來的趨向，連忙說：

「石見，不要冒火，小辛的話還沒有說完，你不應該——」

「我沒有冒火。」石見又搶話說，顯然有點情緒不穩：「我不是指責小辛，也不是為自己辯護，我們之間，實在無話不說，我知道小辛是好意，不過，小辛說什麼放棄，我是不能同意的。」

「你誤會了，石見。」小辛解釋說，語氣是溫和而誠摯的：「我的意思是，這麼多年下來，我們無論在文學這條路上，或者在未來生活的安排上，多多少少跟以前不一樣。這樣態度上的改變，或多或少，是受著社會結構變遷的支配，我剛才所說適應某種形式，指的就是這種被支配。就我個人來說，我沒有能力抗拒它，所以我才說，這似乎在放棄以前所堅持一些什麼——」

「你以前堅持些什麼呢？」

這一次輪到袁寶搶白，發問，小辛想了一回，困窘的說：

「坦白說，我實在說不清以前堅持的是什麼。」

他頓了頓，看另外兩個人沒有說話的意思，繼續說：

「也許是做人的基本原則吧？譬如說，我要尋找活的意義，又譬如說，我為什麼要寫詩？」

「那麼，你那確定了沒有呢？」袁寶問。

「確定什麼？」

「原則啊！」

「這就是囉，」石見說：「你所堅持的原則，如果這可以被說成是原則的話，你不能公開，那麼，你何以知道我與袁寶，沒有你所說的原則呢？你又怎麼知道，我們不在堅持原則呢？」

石見的詞鋒犀利，弄得小辛張口結舌，一時想不出話來回答。

「好啦，」袁寶又來打圓場：「何苦鑽牛角尖呢？小辛，老實說，知人知面不知心，這就是一個例子，活生生的例子，所以說，我們還要進一步的彼此了解。」

話說到這裏，似乎已經沒有必要再把「原則」問題辯論下去。小辛又掏出煙來吸，順手把火柴盒放在桌上。石見喝一口酒，端著杯子說：

「袁寶的話也未必儘然，我們交往這麼多年，彼此的心意多少了解一點。雖然目前我們的環境不同，卻並不妨礙我們繼續交往，這爲什麼？」

沒有人接應，石見繼續說：

「因爲我們已經彼此多少有些了解，拿這些了解作基礎，我們希望了解得更多一點，所以繼續來往。可是，我知道小辛不能滿足。小辛喜歡濃濃烈烈的友誼，像兩團火，火談交纏在一起，所以，你總覺得付出的多，而收回的少。」

厲害，石見對人的觀察力實在銳利！小辛不能不暗自贊嘆，並自嘆弗如。他玩弄著火柴盒，不知道怎麼說才好。袁寶的態度也份外嚴肅起來，等待石見說下去。

「就拿你跟木公的交情來說，」石見繼續說：「都是火——」

說著，他拿過小辛把玩著的火柴盒，取出一支火柴，把它擦燃，又一口吹熄，接著說：

「就是如此，你把自己點燃，但是，又不知怎麼回事，火熄了。」

「熄了？」袁寶似問非問，陷入不解中。

「是啊！火熄了。」石見強調說：「小辛自己把它弄熄了。」

「這我不懂，」袁寶喃喃自語：「我不懂。」

小辛也不懂。

「我來解釋，」石見把火柴盒放回桌上，清晰的說：「小辛的臉，太沒有表情了，冷冷的——」

「冷也是一種表情呀！」袁寶搶白。

「可是，一臉的拒人於千里之外，誰知道你心裏燒著一團火？」

「這也是沒有辦法的事，小辛生來如此。」袁寶說：「冷公的綽號，不是沒有來由的。」

「我覺得，這不是不可以調整一番的，無論如何，你總得讓人知道，心中燒著一團火。」

石見這番話說得非常誠懇，小辛甚爲感激，但是，誠如袁寶所說，這臉上的「冷」，生來如此，如何調整呢？他惶惑著，又拿起火柴盒把玩著，臉上雖有酒意，卻仍是冷冷然的。

袁寶適時的提出打道回府，小辛卻奇怪的表示要再喝一瓶，這也許是石見剛才那一番話，觸動小辛的心事，袁寶撤回提議，準備聽小辛說些什麼。

小館子老闆送來酒，小辛爲大家斟滿，然後說：

「石見的話，對我來說，很受用，我的確給人一種不易相處的感覺，不過，要叫我臉上常常掛出笑意，恐怕不行。」

「我的意思不是要你掛出笑意，而是要你自然一點，臉上的肌肉放鬆，心情也放鬆。」石見說：「你試試看，不必勉強。」

「是啊！」袁寶跟著說：「這也勉強不得。」

「我試試看，」小辛輕聲說：「不過，我要說明，多喝這杯酒，是因爲剛才石見談到付出與收回的問題。的確，我有這種毛病，也許是小心眼吧，心胸不夠開闊，我總希望，自己給別人三分，別人還我三分，我不想多收回，但以三分對三分，我現在想來，這也是不對的。爲什麼一定要別人回報呢？付出後的快樂，不已經是回報了？石見今天這麼坦率的把我的毛病指出來，我感激，來！」

小辛舉起酒杯，朗聲說：

「我敬你，乾！」

「何必呢？」石見覺得不好意思，卻不得不接受：「好吧，袁寶一起來乾！」

三個人仰脖乾杯，小辛把酒瓶中僅剩的酒一分爲三，然後說：

「這點酒慢慢品嘗。」

石見明白，小辛似乎還有話要說。果然，小辛又引出新的話題。

「剛才石見擦火柴，說是點燃自己，這使我想到，在點燃自己的時候，是不是聯繫到照亮別人的問題。譬如我們寫詩，也可以說是點燃自己，但是，我們的詩寫出來以後，是不是能給人看到一絲光亮的感覺呢？我對這一點一直懷疑。」

石見與袁寶互望一眼，似乎在交換意見，又似乎在彼此推托：你說。不，你說。

其實對這個問題，小辛已摸索出一個答案，這個答案是給自己沉重的一擊；他覺得需要把它說出來。

「坦白說，我懷疑自己的詩對別人的人生有正面的意義。我檢討過自己所走的路，似乎走到反人生的方向，在我的作品當中，個人情緒的訴願佔了絕大部份。我把自己鎖閉起來，與人生疏遠、與時代疏遠、與大自然疏遠。我覺得，要有勇氣衝出去，突破這個僵局！」

這番話，跡近自言自語，所以石見與袁寶都未置一詞，小辛發覺了眼前就可能是一個僵局，便不再說什麼。

三個人飲盡杯中酒，付了帳，各自打道回府。石見在台北，最初三天住在小辛的公家宿舍，第四天就遷到克難街的朋友家。這次請假北上，已過了七天，再不回部隊恐怕被當作「逃兵」處理，所以他決定再過二天就走。因爲這個緣故，小辛堅持要石見到他那兒去住，小辛說：

「我還藏有一瓶金門大麯。」

酒已經引誘不了石見，只有那份朋友之間的情誼，才有那種力量，使他決定跟小辛走，準備再聽聽小辛說些什麼。

他們回到吉林路，洗過澡，小辛把兩把椅子一張小茶几搬到屋外，泡上兩杯釅釅的茶，酒不準備再喝，喝茶也好，茶使人清醒。

屋外的空地有水潭，潭中有蛙鳴，正是仲春時分，四周的氣氛宜於促膝長談。

小辛把小館子裏沒有說完的話題再拿出來談，但石見對這話題似乎索然乏味，當小辛說完，他仍不置一詞。這時候小辛發現，僵局已經形成。

他不再說什麼。彼此沉默著，偶爾端杯飲茶，啜飲的聲音聽來很刺耳，蛙鳴也成聒噪了。

在就寢之前，他們只談了些瑣事。雖然如此，兩人的心中並無芥蒂，石見只是不願意談寫詩的種種，在這條路上，他向來都是獨來獨往的。

然而，在回高雄的平快車上，儘管閉緊眼睛，小辛的影子卻從腦海中跳出來，石見不能成眠。

也許關於寫詩，小辛的話有點道理。石見想：至少，他說得那麼誠懇。

石見決定回高雄以後，把小辛的話重溫一番，再給小辛一個答覆。

小辛這邊呢？關於寫詩的態度取捨問題，由於屬於個人，他已不想再加諸朋友身上，讓朋友也分擔自己的困擾。他自石見走後，一直想著石見提出的「讀四年大學」的問題，顯得很苦惱。這個問題他考慮了很久，才下定決心：

「要讀，就讀人生這本大書！」

他盤算時間，石見該已從高雄回大武，他決定寫信給石見，告訴石見對讀四年大學所作的決定。

這封信寫了撕掉，撕了又寫，又撕，花了整整三個小時，共寫下短短五行：

「……也許，可以這麼說，我無法克服內心的恐懼。對我而言，考大學眞是談何容易？我只會背二十六個英文字母，只會簡單的加減乘除，而抬頭看天，不知夜空中星座的方位，看大地，分不出五穀，所以我覺得，我應該讀的，還是人生與社會這些大書……」

信紙被小心翼翼的放入信封，這時候，趙老大從報館下班回來，大概是遇著什麼喜事，步伐輕鬆，滿臉笑意，他走近小辛，搓起手，朗聲說：

「怎麼，還在寫情書啊！」

這那會是情書？小辛雖然這麼想，卻站起身，面對趙老大的調侃，擺出挑戰的姿態說：

「是啊，這封信上，我把日子都定了。怎麼樣，老大哥照顧一下小老弟吧？把你的大喜之日挪到同一天，咱們兄弟一起進禮堂？」

趙明一時答不上腔，搓起手來，然後提高嗓門說：

「好小子，你想倒打老大哥一耙！」

「這我怎麼敢呢？」小辛笑著說：「眞的，老大哥，如果我們把婚期訂在同一天，不但省了不少事，我也沾了你不少光。」

「不好！」趙明快速的說：「這個光可不能讓你沾。」

「爲什麼呢？」

「你想想看，要人家送兩份禮，喝一頓酒，這不是找挨罵嗎？」趙明用半認眞半開玩笑的態度說：「算啦，老弟，還是在你那位小姐身上多下點功夫吧！」

這是一句眞心話。趙明這兩年來，一直關心小辛在這方面的發展，有一回，還十分認眞的勸告小辛說：

「不要再跑花蓮了，章山告訴過我，那個妞兒要嫁有錢有勢的，你還那麼癡心幹什麼？斷了吧，還是在台北找機會。」

後來聽說小辛已有了目標，趙明比誰都高興，又勸小辛說：

「多賺點稿費，把開辦費準備得充裕一點，從現在起，能省就省，少看幾場電影，少逛幾趟咖啡館，留著做開辦費。」

趙明有足夠資格說這番話，他不僅是小辛的長官，也可說是小辛的兄長。不過小辛對趙明這番話，總不以爲然，原因是，這能省下多少錢？何況，趙明在這方面，並不能「以身作則」。小辛知道，趙明並沒有多少錢，月入雖較自己爲豐，卻大方慣了。所以小辛說：

「老大哥，要靠少看幾場電影，少進幾趟咖啡館，來籌足結婚開辦費，那要等到何年何月呀！」

「咦，你不能這麼說！」趙明嚴肅的說：「有準備總比沒有準備要好吧？」

「那當然囉。」

「這就對啦！」趙明依舊嚴肅的說：「有了準備，你心裡會踏實得多，對小姐來說，也讓她有份安全感。」

「那麼你呢？」小辛突然提出這一問。

「我？」趙明楞了一下，立刻會意過來，爽朗的說：「老弟，在這方面，我比你有辦法。」

這是眞話，趙明交遊廣闊，雖然身在軍中，卻已建立良好的社會關係，何況他待人寬厚熱情，平時對朋友大方，不圖回報，但他的朋友記在心上，一旦遇到趙明的婚姻大事，當然會慷慨解囊。

不過，小辛雖然這麼想，卻錯估了趙明，因爲趙明所說的「有辦法」，事實上並非依靠朋友的幫忙，他這些年到報館兼差，早已爲自己作了準備；在他的存摺裏，款額已接近六位數字。

這秘密是趙明自己透露的，在把秘密透露的那次暢談中，趙明還說：

「不然，我那麼辛苦幹什麼？」

小辛想著這些，突然覺得剛才實在有些失言；因此趙明雖然關心小辛的戀愛乃至婚姻大事，他自己在這方面卻一直陷於低潮。

不過，今夜的情形或許有些不同，要不然趙明爲什麼這樣興奮？小辛想問，卻不知怎麼啓口。

趙明正準備痛痛快快洗個熱水澡，脫得上身赤露，下身只剩下一條短褲。他拍拍微凸的肚子，自言自言的說：

「不行，非節食不可！」

「是嘛。」小辛接應說：「苗條一點，穿上禮服才夠看。」

「穿禮服？」趙明故作不解：「那一類的？」

「當然是新郎倌禮服。」

「好小子，你又拿我開心！」

話是這麼說，那一臉笑意卻明白的告訴小辛，今晚上確有喜事。於是，小辛刺探的說：

「老大哥，紙包不住火，看你喜氣洋洋，今天一定有艷遇呢？」

「什麼艷遇？」故意大聲責斥，接著又壓低聲音，安撫一番：「反正你遲早會知道，今晚上，請允許老大哥暫時保密。」

說完，又拍拍肚子。

「眞該節食啦！」

喃喃自語地進了浴室。

小辛他們的辦公室是租用民宅，公寓式的連幢建築，趙明爲首的這小組，佔了左側的一大間，在後方就是浴室，浴室對面的一小間，本是廚房，稍加修建後改爲寢室，小辛就住在裏面。說起來，這也得感謝趙明，因爲小辛調到這個單位時，本來被分配住在大寢室，由於他的肺疾初癒，晚上還常常不能抑制的咳嗽不已，爲了怕吵醒同事，趙明就向單位主管建議，讓小辛搬進這間小寢室。

小寢室佔地一坪半，對小辛來說，卻自成天地，因爲他可以按照自己的意思加以佈置。然而，架起一張床，就再也沒有餘地安放其他擺設，所以，只好在兩面牆上，張貼幾幅圖片，使室內顯得有些「情調」。但是，趙明曾坦率的告訴小辛：

「我不喜歡這幾張圖片。」

好在趙明不會以長官身份命令小辛把圖片拿掉，因此並沒有引起兩者之間欣賞角度不同的衝突。說來這是極普通的圖片，從一些書報上撕來的，不是什麼美女出浴，也不是什麼山色水光，不過是一些外國畫家的作品而已。

小辛那時候對現代畫很沉迷，幾乎是沒有理由的，他常常參加畫家們的活動，偶爾還似懂非懂的，寫些觀賞現代畫的感想。這當然不是湊熱鬧、瞎起鬨，或攪和些麼，但要他眞正說個理由出來，卻張口結舌，詞不達意。

不過，對小寢室牆上的幾張圖片，小辛倒是有他的欣賞心得，並且頗能自圓其說。譬如基里珂的一幅作品，標題爲「對太空的無限鄉愁」，畫的是燦然的天空和一排屋宇，畫中所顯現的物體的重量感，在燦然的天空整個覆蓋之下，似在慢慢消溶，給人的感覺十分強烈，而且這裏面似乎在暗示，人類文明的力量不是能與宇宙間自然的力量，或宇宙主宰的力量抗衡的；這幅畫給人一種哲理的啓示。又譬如加克梅地的彫塑，扭曲的人形所表達的，豈僅是對戰爭的抗議。這些心得，自然也成爲小辛寫詩的養份，然而，說來慚愧，小辛總覺得，在那些時日，他對自身周遭的一切，缺乏關愛。

於是，他想起石見。在小辛心目中，石見是一個有原則的人。雖然，現實生活中的衝擊，不管是形成壓力或形成助力，常令石見不勝負荷，致使在「原則」的堅持上，心力產生失衡的現象，然而石見仍堅持著原則。這是與呂牧截然不同的地方，呂牧也有原則，這原則是一團濕泥，可以被扭揑成任何形狀的。

石見與呂牧，都是小辛所敬重的朋友，在感情上，由於少年時期的跟隨，以及在某些認知方面的——譬如讀詩與寫詩——啓蒙，呂牧在小辛心中的份量，似乎還重了一些。然而小辛難堪而痛苦的發現，要與呂牧維繫朋友般的交往，竟是越來越困難，那麼，也許只能從兄弟般的交往，來維繫多年以來建立的關係；只是，作爲一個弟弟，能如何拿自己的看法來對待哥哥呢？

再說，呂牧的酗酒，有他說不盡的理由，呂牧的一再扭曲原則，也多半因爲酗酒的緣故，對此，作爲弟弟的小辛，幾乎是無能爲力的。

曾經在半年多的時間，小辛企圖越出「弟弟」的位置，完全以朋友的立場對待呂牧，在差不多每週一封的去信中，這樣寫道：

「如果你膽怯了，該用一切髒字眼射擊自己！」

「從你的眼中看出去，四野一片荒漠，但是你爲什麼不把生存的意願，從一片荒漠中昇高？」

「老友，你總還記得，一位詩人曾如此寫道：

痛苦是一份危險的營養
如果長久地咀嚼
這份傷心的菜點
我們會增加精神的鈣質
但——
它也會使我們的骨頭
變成海綿呀！

摒棄痛苦，讓我們去尋找快樂，唯有以快樂爲背景，我們的生命才能長春。」

這些信幾乎都石沉大海，直到呂牧從一家畫報社離職，在一家小旅館暫時棲身，小辛才接到半年來第一封回信，呂牧在信上說：

「我又開始飄泊了，也許，這是應得的結果。不必爲我擔心，我活得下去。

你一連串『友情的召喚』，對我來說，是沒有什麼用的。你說的我全懂，我不笨，只奈天生的頑冥。朋友們說我自暴自棄也罷，好高騖遠也罷，不知好歹也罷，我爲自己的作爲負責。

你知道我是個不信任何神和宿命的傢伙。這些年來我碰到這種際遇，不能不承認這是時間和空間上的一種巧合。我不承認對這社會缺乏適應力，而是我不願去更深一層的接近。還有就是我展露的自我太多（非社會人的眞性），和對人性了解的不夠。這些是我最大的錯！但我也有所悟，那就是硬朗地活著，世界上沒有比活給自己看更對的事。」

「活給自己看」？一個人能如此終此一生嗎？小辛不同意這句話，因此，也就有較長一段時日，沒有與呂牧來往。

但是，最近這幾個月，他與呂牧恢復來往。他本以爲，呂牧一方面有了較爲穩定的工作，心情應該好轉，另一方面自己即將退伍入社會，在想像中，呂牧也許對自己未來投入社會後的生活安排，能夠有所幫助。而結果卻是，呂牧的依然故我，使小辛發現，兩者之間已有了障礙。這便也促使小辛與石見之間更為密切的交往。

想起這些，小辛覺得要把這封只寫了五行的信撕掉，另作一番表白。

然而，苦苦思索了半個小時，等到趙明從浴室裡輕快的哼著小調出來，信紙上還不見一個字。

趙明走近，他的上身仍赤露著，大浴巾裹著下體，好在小辛不僅是部下，更是朋輩中的老弟，談不上什麼不雅。趙明在小辛身旁站在，俯身看一眼桌面，挺直身子後，長嘆一口氣說：

「唉──老弟，你這又何苦呢？」

小辛發覺，趙明把事情看錯了，他一定以為自己還在寫情書，所謂「作繭自縛」，所以才會有那一聲長嘆，加一句「這又何苦呢？」

這就不能不略作說明，他站起身，低聲說：

「老大哥，你弄錯了，我不是在給小姐寫信──」

「那你在幹什麼？寫詩？」趙明搶問，接著，關心的說：「不早了，你的身體還沒有完全恢復健康，早點睡覺吧。」

小辛很感激這番關愛，不過，他的個性促使他一定要把事情說個明白。

「我也不是寫詩，」小辛說：「我剛才在想，朋友當中，有些人的性格，竟然這麼叫人弄不明白——」

「本來嘛，人心隔肚皮！」趙明再次搶白：「要了解一個人，不容易。譬如對你老弟，恕我老大哥坦率的說，我們相處已經有不少年了，我還是不十分了解你。」

「你是說——」小辛甚感驚異的插嘴。

「你看起來很單純。」趙明平靜的說：「可是也很複雜。有時候，你給人的印象是優柔寡斷，依賴心很重，有時候卻又頗爲果斷，充滿自信。我舉一個例，譬如前幾天我們去吃宵夜，你向呂牧討教，退伍以後幹什麼，這就是你的優柔寡斷。你是你，呂牧是呂牧，那天晚上呂牧對你的問題不加答覆，我認爲是對的。你就是問我，我也不會答覆你，因爲你打報告申請退伍的時候，是那麼充滿自信。當初你有信心，事後又何必問人呢？」

趙明眞不含糊，聽了這番話，小辛不能不佩服。可是，這也使小辛感覺到內心的一陣隱痛，因爲，他早就發現自己性格的游移，三十多歲的人，已過了而立之年，卻還不成熟。

趙明發現小辛的緘默，是一種接受的表示，便態度更爲誠懇的說：

「老弟，朋友固然重要，最重要的，還是把自己裝備起來。遲早我們都要脫掉軍裝，到社會上另闢天地，社會在變，而且還會大變，所以我們總得有一套謀生的本領。說起來這也許太俗氣，不過，這卻是事實。人家說我趙某人好像有兩把刷子，我不是自誇，這套本領是我慢慢磨練出來的，我下過功夫，所以我覺得這『好像』兩個字，應該去掉。老弟，說眞的，好好裝備自己，就像袁寶那樣，把自己該走的路線找著。」

這是肺腑之言，小辛完全接受。

「我不再多說，」趙明見小辛依然緘默，伸手拍了拍小辛肩背說：「我要去睡了，你也早點睡吧。」

看著趙明走出辦公室，小辛內心激動，他坐下來，儘力抑制情緒的起伏，想著，自問著：

「爲什麼我竟然仍是一隻鴕鳥？」

他不能解答這問題，於是拿起筆，他這樣寫道：

「我仍是一隻鴕鳥嗎？經過了五年的努力，我企圖把頭從沙堆中探出，去看清眼前的一切，但是我看清了什麼？

五年前，我以『鴕鳥鴕鳥』這篇小說來解剖自己，不久之前又寫了『不是鴕鳥』來喚醒自己，這些都還墨跡未乾，而今天我竟又發現，自己仍是一隻鴕鳥！

爲什麼我竟然仍是一隻鴕鳥？爲什麼？」

也不知基於什麼心理，小辛把這段自訴當作一封信，寫給了石見。

石見回到大武，眞沒想到立刻又成爲小辛申訴心事的對象，他覺得小辛寫來的這段文字十分情緒化，很不願意作任何答覆。但是，他怕這會引起無端的糾纏，不得不無奈的提起筆。

不過，他實在弄不清楚小辛寫這段文字的原因在那裡，是什麼因素引發的？所以，他覺得在回信中，還是先從自己說起：

「我友：

下午兩後去看海，我莊嚴的從防波堤上走向她，除我而外別無一人，那，千波萬浪的歡呼與鼓掌不是爲我所發還能爲誰呢？

有時我悲憫地仔細的觀賞我白晰的手掌，並非時間因之而逃逸，最大的損失是已經錯過掠奪乃至乞討的機會了……老友，很悲哀的便在於此，在於我還不能夠到達不想那個問題的境地，我猶未灑脫如此，未麻木如此，死沒有透云云。

你能了解這種情況嗎？而最難受的，則是對某些事物的等待，等待海上颱風、起浪，等於雷雨，乃至希冀看見流血……可是那海哦，只藍給自己看，而她那搖籃般的浪，單調得教人昏昏欲睡。

關於那問題，老友，我還能說什麼？」

八

自從那天晚上與石見、趙明、小辛喝了那一頓不過癮的酒，等他們走了之後又獨自喝到午夜，喝得大醉之後，呂牧已經整整六天滴酒不沾。倒不是口袋空空，而是六天來一直恍恍惚惚的，提不起喝酒的精神來。

回想那個晚上，實在十分無聊。不過呢，總覺得石見的那幾句話尚有道理。

「呂牧，好久沒有讀到你的作品，現在生活安定，繼續寫吧。」

話裡那「生活安定」四個字，因爲石見不明白自己的處境，是可以原諒的。至於「繼續寫吧」，就得另當別論。爲什麼呢？呂牧對自己作著分析。

寫詩，老實說，這很無聊，爲什麼？答案很簡單，因爲詩不值錢。

要不要繼續寫？這得看情形。如果無聊也有它的意義，如果不值錢也有它某方面的價值，譬如自我安慰一番，或者自我發洩一番，那麼，不妨寫它幾行。

至於不寫，這並不表示才思枯竭，寫不出來，古有「江郎才盡」，呂牧卻未必如此。這一點，石見的話是一個證據。道理何在呢？如果石見對我呂某的才思沒有一點認識，沒有幾分了解他不會這麼說。

這是很值得自慰的，然而，究竟要不要繼續寫呢？

呂牧很感困惱，如果寫，實在很無聊。如果不寫，豈不表示我「呂郎才盡」？呂牧覺得石見的幾句話尙有道理，原因就在於値得自慰之外，突然把寫不寫詩這個問題，給自己這口一灘死水似的心池，攪起了浪花。

他不自覺的有了笑意，雖然是苦澀的笑意，卻也別有意味。

「他媽的！」他咒出聲：「無聊！」

就是這個結論，封鎖了問題的思索，呂牧把煙點燃，站起來，把衣服弄平整一些，走出門去。

他不是去買醉，何況，他剛剛才去附近那家小吃了一碗大滷麵。去活動活動筋骨，或者，大街上隨便看看，儘管這也無聊，卻可以不必爲想無聊的問題苦惱。

沿中華路到國藝中心，本想進去打個轉，又怕遇上無聊的人，扯些無聊的話。打消這個念頭，再往前走，是憲兵隊，也許是「觸景生情」吧，竟想起石見，石見幹過憲兵，這便又聯想到石見那幾句話，苦惱遂又糾結在心頭。「無聊！」呂牧又咒出聲。

「無聊！」

再下一次結論。又往前走，把步子加快，前面是新聲戲院。對啦！不如看場電影，讓銀幕上的五顏六色，把無聊的空白塡補起來。

說眞的，電影這玩藝兒還眞神奇，他自己也進過這個圈子，甜苦酸辣，各種味道都有，他嚐過。不過，嚴格說起來，自己只能算是一個圈子裏的圈外人，見過世面，未必是個行家。

所以這段經歷很快就拋到腦後，雖不能忘得一乾二淨，卻從未在別人面前眩耀。不過這一刻不同，來到了電影院門口，不能不有些感觸。

他想起那位大導演，這是不能不令人佩服的一位人物。那麼大一份事業，可說是白手興家，那個時間，誰不豎起大姆指說：「厲害！」

呂牧記得，小辛與袁寶有一次聯袂而去，在那間寬暢豪華的大辦公室門口，臉上露出那付吃驚的樣子，他們的心情，已不僅是「好傢伙！」這句贊嘆所能表達的。看著兩人目瞪口呆，呂牧在不禁失笑之外，也感到一絲悲哀。

大辦公室的氣派顯示那位大導演在電影事業上的萬丈雄心，不過，這跟呂牧的關係不大。作爲一個屬員，又是公司附屬事業的一名職員，呂牧在那兒幹著，不過是圖一個溫飽而已。

但是，他太敏感，他總是太直接的把自己的性格顯露出來，這包括他對上司的不滿，以及惱恨。在多數時日中，他表露了對自己工作的鄙視，這是一根導線，最後發展成爲失去那工作的重因。

對酒的嗜愛，也是從那個時候開始的。呂牧站在新聲戲院門口冷靜的想，終於發現，自己完全不適合那份職業；第一步就走錯了。

所謂不適合，是因爲他太率直。本來嘛，吃電影這行飯，不能有太多「看不慣」。那是不講什麼條理的，不按牌理出牌，你奈其何？譬如說「明星」的出頭吧，才藝與容貌之外，還得有幾套別的本領。呂牧見識過這些，但是他忍不住要說上幾句：「臭，簡直是寡廉鮮恥！」

這有什麼用？回想起來，就不免又罵自己：「豬！」

由於太多的看不慣，而又無處渲洩，於是，就對酒有了特殊的嗜愛，因爲一瓶入喉，飄飄然的，可以暫忘眼前事。而屢次的酒後惹事，甚至差一點火焚辦公室，終於招來老闆「著即解除職務」的手令。

還要再看電影嗎？自己是這樣走出那個圈子的，雖不是什麼恥辱，總也不能說是光采的事吧？

「算啦！」呂牧對自己說：「到別處走走。」

離開新聲戲院再往前走，走過武昌街口，呂牧覺得有些累，他側臉看去，忽然想及，這不到了「周公」的地盤嗎？去找「周公」聊聊也好。

興緻勃勃的來到「周公」擺書攤的麵包店門口，「周公」早已經收攤回去，呂牧很失望。在麵包店門口徘徊一陣，想著要不要進去喝杯飲料什麼的，卻遲遲不能決定。這個時候，他突然看到一個人影，在街對面。

「我好像認識他，」他告訴自己，又反問自己：「會是誰呢？」

爲了得到答案，他飛快的衝跑過街。

果然那是呂牧熟識的人，這位黃先生，是呂牧在軍中的長官。

「是你啊，呂牧？」

「營長還好吧？」呂牧懷著敬意的探問。

「還好。」老長官堆著一臉笑意回答，又反問呂牧：「你呢？在什麼地方得意？」

這問題叫呂牧如何回答？他想了想，低聲說：

「我沒有混好，辜負了營長的栽培。」

老長官很了解自己的部屬，沒有說什麼。呂牧忽然覺得，方才那句話不該說，這有諷刺意味，對自己敬重過的長官，很不禮貌。於是，他連忙自責的說說：

「我不該這麼說。」

「不要緊，」老長官似乎並不在意，舉起右手搭在呂牧肩上，溫厚的說：「現在沒有混好，還來得及另換一個環境，我知道你的能力。」

呂牧沒有接腔，他打量著老長官。黃先生穿著西裝，沒有打領帶，臉上雖有笑意，卻明顯的可以看出歲月的痕跡。看樣子，老長官也退下來，恐怕也不甚得意，呂牧敏感的猜想著。

「你在台北做事？」老長官問道。

「是的。營長呢？」

「我在台中。」

「還在部隊裏？」

「不，」老長官回答，突然苦笑起來，嘲弄的說：「你不會想到，我在幹什麼。」

這番話，證實了方才的猜想。呂牧不說什麼，他知道老長官耿直的性格，說一是一，說二是二，不會對部下隱瞞。果然，老長官自我解嘲的說：

「我在做孩子王，教小學生。」

呂牧沒有想到，答案竟是如此。他突然感到血脈賁張，有一股怒氣冒升，不是爲自己，而爲眼前這位老長官抱屈。在呂牧心目中，老長官是一位極優秀的軍人，怎麼會不在軍中發展，一變而爲小學教師呢？

他很難過，但是，他不欲思索，這會引來很大的痛苦，而招惹痛苦，實在無聊至極。於是，不得不虛假的，擠出一絲笑意，說：

「教育工作很神聖。」

老長官不說什麼。看了看手錶，彼此默默相對，整整一分鐘，呂牧突然說：

「老長官晚上不回台中吧！」

「我明天回去。」

「我請營長宵夜，算是盡地主之誼。」

老長官沒有拒絕，兩人併肩走向中華路，呂牧對這一帶很熟，他們很快的走進一家小館。

現在，三杯下肚之後，呂牧面對的，已不是舊日的長官，而是一個朋友。這倒不是放肆，呂牧總覺得，在飯桌旁，人的所謂尊卑之別，應該消除，尤其是有酒，酒力無邊，可以拆掉人與人之間一切的藩籬。

然而黃先生不會想到這一層，他原本就不善飲，被老部下連敬三杯之後，有點招架不住，因此，不由地耽心起來：

「這麼喝法，會不會醉倒？」

黃先生覺得有些暈暈然。呂牧呢？看起來似乎精神百倍，眼睛裏閃出亮光來，說話的聲音也提高了。

「營長，你還記不記得，那年營裏得獎，你請全營軍官聚餐，打了一個通關。營長，你眞能喝！」

老長官不記得有過這回事；軍官聚餐也許有，打通關則屬子虛。他心想，呂牧莫非醉了？要是呂牧眞的醉了，這可是一個麻煩，於是，黃先生試探地說：

「呂牧，你沒有喝醉吧？」

「醉？」呂牧睜大眼說：「怎麼會醉？老長官，你該知道我的酒量呀！」

「抱歉，」老長官苦笑著說：「我不記得了。」

這也是性格率直的表現，呂牧卻有點不太高興，照這麼說來，自己以前所猜想的，老長官對自己不太重視，也許眞沒有猜錯。呂牧想著，突然端起酒杯，在老長官面前一幌，然說：

「營長，我乾掉這一杯，敬你，也請你回想一下，我這個部下當年喝酒的樣子。」

黃先生來不及阻止，眼看呂牧一口把滿杯的酒乾盡，心想：這傢伙，又耍個性了，眞是一點都沒有變。這種個性，老長官繼續想：在部隊裏怎麼幹得下去？

雖然這樣想著，老長官仍面帶笑意，贊賞的說：

「你的豪情不減當年。」

呂牧沒表示什麼，把酒斟滿，又端杯舉向老長官。

「這一杯，」他快速的說：「我再敬營長——」

老長官終於站起身來阻攔，他伸手抓住呂牧端酒的手，沉聲說：

「好啦，呂牧，你這樣一敬再敬，我承受不住。」

但是呂牧堅持要敬，手持中，酒濺灑出來。

「你看，」老長官：「酒都糟塌了！」

「沒關係，再來一瓶。」呂牧像是眞的有了醉意，伸出左手，向櫃台那方揮動，一面結巴的說：「喂，來酒，酒——再來一瓶！」

櫃台那方沒有人回應。

老長官有些不知所措：要是還在部隊裏，他會揮掌給呂牧兩個耳光，現在身份不同。他想了一想，決定放棄勸阻，坐下身，坐著看呂牧下一個舉動。

奇怪的是，等老長官一鬆手，呂牧竟沒有採取任何行動，既不舉杯就飲，也不再要櫃台送酒過來，他只癡癡呆呆的僵立著。

這是怎麼回事？老長官顯得坐立不安，低聲叫道：

「呂牧，你怎麼啦，坐下來呀！」

低叫聲驚醒了呂牧，他依言坐落，自己也覺得奇怪。到底是怎麼回事？這般的失魂落魄，從未有過。面對著老長官，他乾澀的笑著說：

「對不起，營長，我剛才很失態。」

老長官陪笑著，裝作沒發生什麼，也沒有看見什麼，端起酒杯，充滿舊日情懷的說：

「我乾了這一杯，謝謝你請我吃這一頓。」

說完，豪爽的一口飲盡這一杯酒，是表示要走的意思，這情形已不能改變，於是，呂牧站起身說：

「這不成敬意，請營長多包涵。」

會過帳，呂牧堅持送老長官回旅社，一路上，兩人談了些不值得一談的舊事，就分手了。

呂牧走回自己的住所，想著地下室的悶熱，而自己又喝了酒，他眞不願去受那種罪。於是，他走向植物園。

走荷塘旁的石椅坐落，先點燃一支煙，再看看天色，月亮還沒有升上來，周遭顯得冷寂，他興不起朱自清寫「荷塘月色」那樣的心情，便覺得此來也屬無聊。

「不！」

他突然叫出。此刻還很清醒，想一想舊事也是好的。他首先想到老長官，結論是，老長官的際遇，不能說是潦倒，卻可說是不得志。他不願追索原因何在，就從老長官的身上，推想到在那個營裏的那些伙伴。

「老呂是有辦法的人，你們看，他的這雙皮鞋，擦得多亮！老呂，脫下來讓我當鏡子照照吧！」

這是素來出口帶刺的王書田，唐山人，在天津唸書，怪不得尖嘴利舌的。

「疤頭，」只有張彬會這麼叫出口，這是全營最標準的排長，讀的是師範。卻離家出走，跑到部隊來：「喂，疤頭——怎麼，你聾了？我問你，台北好不好玩？見到你那個妞兒了嗎？」

「你又要請客？好小子，又從那兒賺了外快？什麼，老呂，你說清楚一點，稿費？什麼叫稿費？啊？算啦算啦，我土包子，不懂。」

樊大隆的確是土包子，察哈爾來的，全憑苦幹實幹，打仗夠膽，才升上排長。

「咱們呂情報官，誰不知道他是誰，舞文弄墨，筆底下有兩下子？不過，文人都有個癖性，呂情報官喜歡一個人在月光底下踱方步，這是他的癖性，咱們可不能打攪他。」

這是另一個王排長，矮矮壯壯，外表粗魯，說話卻很斯文。

這些人，如今不可能再在一起；呂牧想著，不由地興起深長的懷念。但是，這實在也很無聊。

「無聊無聊！」

呂牧嚷著，覺得還需要再喝一瓶酒，來殺死這個無聊。他不願一個人獨飲，決定打電話找小辛，因爲小辛與這些人也有關連。

電話終於撥通。

「小辛嗎？」

「是啊！」

「你在幹什麼？這麼久才來接？」

「在陽台上跟同事聊天。」

「聊天？怎麼，今天沒有去找小妞？」

「人家在讀大學，晚上又有家教，不能天天去找她。」

「你想不想出來？」

「現在？」

「是啊，出來喝兩杯。」

「不啦，明天一早，我要回林口。」

「回林口幹什麼？」

「明天關餉，要當面點驗。」

「他媽的！」呂牧不高興的說：「給幾個子兒，還要驗明正身。」

「這是制度嘛——」

「什麼制度？」呂牧搶著說：「不合理。」

小辛沒有答腔，心想，這傢伙也許遇到什麼事，心裏不痛快，才又借題發揮。

「你出來嘛，大哥今天有錢——」

「不是錢不錢的問題，」小辛打斷對方的話：「我今天不想喝酒。」

「不想喝酒？」

「你多包涵，我眞的不想喝酒。你知道，我的身體——」

「得啦得啦，」呂牧有些生氣，語調變得粗魯起來：「你不要拿身體不好做藉口，我知道，在你心目中，我是一個酒鬼——」

「大哥——」

「算啦！」

卡的一聲，呂牧掛斷電話，匆匆的走開。他走到中山堂廣場一角，忽然停住腳步，想著，這是幹什麼呢？生誰的氣？發誰的脾氣？小辛嗎？他覺得好笑，再想，有什麼資格對小辛發脾氣，生小辛的氣呢？那麼，是生自己的氣？發自己的脾氣？但這又是爲了什麼呢？

爲了酒還沒有喝夠？

呂牧得不到結論，他在廣場一角的石椅上坐落，掏出煙來點燃，一口接一口吸著。

在小辛那邊，當呂牧卡的一聲把電話掛斷，他知道這一下不但弄得呂牧不痛快，還極可能爲自己找來麻煩，因爲已經不止一次，在半夜裏接到從××派出所或××分局打來的電話，說是有一個姓呂的人喝得大醉，躺在馬路上……小辛對呂牧的狂飲爛醉，實在很怕。

但是，他今天實在沒有喝酒的興緻，剛才說跟同事在陽台上聊天，那是編造出來的，他似乎預感呂牧會打電話過來，他實在不想接這通電話。今天不想喝酒，是因爲報上去申請退伍公事，有被打票回的可能，如果這可能成眞，那麼，勢必再幹下去，至少再幹一年，而這便把早先對自己未來的安排完全推翻，再幹一年，就不會再有那個機會了。

小辛爲此心煩，所以這一整天，他什麼事都不想幹。

呂牧不明白這些，他只覺得，小辛的拒絕使自己受了奚落，這使他難堪，在吸完香煙，仍無法排遣心中這份難堪之後，他決定再去喝一杯。

他走到原先那個小吃攤子，去而復返，使小吃攤老闆頗感驚異，不過，還是笑臉相問：

「先生，喝點什麼？」

「小瓶雙鹿五加皮，一盤滷菜，一碟花生米。」

酒菜很快端上桌，呂牧先喝乾一小杯，當他舉筷挾菜時，一個人影在眼前出現。

「老呂！」呂牧剛抬起頭，對方已發出聲。

「是你呀，小周！」

呂牧站起身，心中泛起一份難抑的興奮之情，倒不是久別重逢的那種興奮，而是終於有人陪飲的那種興奮。他做著手勢：

「坐，請坐，坐下來喝一杯。」一面吆喝著：「老闆，再來一個杯子，來一條魚。」

小周還站著，臉上散發著濃濃的酒意，笑嘻嘻的說：

「我喝過了。」

「喝過了？」

呂牧彎著脖子，以爲自己聽錯了話。

「我剛才就坐在旁邊那張桌子，」小周指著左側的桌子，仍笑著說：「早就看到你了。」

「那你怎樣不打個招呼？」呂牧裝作不悅的說：「不夠意思。」

「我這不是跟你打招呼了嗎？」

「我是說剛才。」呂牧說著，坐了下來：「坐下吧，再陪我喝一杯。」

「好吧。」小周依言坐下。

老闆送來了添加的菜與酒杯，呂牧爲小周斟滿。

「怎麼樣？」呂牧端起杯子問。

「什麼怎麼樣？」

「乾杯如何？」

「不不，慢慢喝。」

「怎麼，你裝孬？」

「笑話，喝酒裝什麼孬！」小周爽朗的說：「我乾了這一杯，算是敬你。」

「敬什麼，喝吧！」

小周咕嚕一聲，把酒吞下喉去，呂牧又爲他斟酒，一面說：

「夠意思，小辛就不如你。」

「小辛？」

「怎麼，你們不認識？」

「認識，他怎麼啦？」

「這小子對我端架子，我剛才打電話叫他出來喝酒，他拒絕了！」

「也許他有事——」

「有什麼事？他在陽台上跟同事聊天。」

小周沒有再說什麼。呂牧也覺得拿小辛做話題沒有什麼意思，於是，變換口氣說：

「你還在平溪？」

「是啊！」

「每天下礦？」

「不下礦就得餓肚子。」

「那你今天——」

「哦，今天休假，我來看看蝶老。」

「見到他了嗎？」

「沒有。」

「你什麼時候回去？」

「明天一早。」

「那不是白來一趟？」

「這也沒有什麼關係，」小周灑脫的說：「好朋友嘛，不見面也等於見了面。」

「好小子！」呂牧叫出聲，隨即笑著說：「你對我談起禪來了。」

「本來嘛，」小周也笑著說：「朋友相交，貴在知心，我心裏有一個蝶老，蝶老心裏有一個我，這就夠了。」

這番話說得呂牧有些顏赧，他想起自己與小辛的關係，覺得一直把小辛拒絕喝酒這回事掛在心頭，實在有點太過計較，爲什麼不能把它不當一回事呢？也許小辛有足夠的理由拒絕，爲什麼不能容忍這理由呢？呂牧想，此刻小辛不知在幹什麼？睡了？還是繼續跟同事在陽台上聊天？

小辛此刻正陷入沉思，倒不是呂牧的一通電話，也不是爲了申請退伍的公文下落如何。他坐在屋前的空地裏，一張破舊的藤椅搖搖欲倒，小辛覺得自己的生命，無論那一方面，都跟這張破舊的藤椅一般。雖然，前些年克服了那場病痛，可是，在生命的內裏，總是空空洞洞的，沒有火，也沒有水，跡近一種僵死的狀態。

他想突破這種僵死狀態，使生命顯現意義，然而，這不是空想就能夠獲得的。空想，對啦，彷彿曾有人這麼說過：「耽于空想，是生命的沉陷。」小辛是不願讓生命沉陷的，那麼，還要耽於空想嗎？

小辛突然站起身，他覺得要把這段「心路歷程」記錄下來，衝進屋去，在辦公桌旁坐落，微喘著，他開始寫：

猶未出鞘的一柄劍
陌生於掠殺
也不嗜血
如鼓的陰面
生命的輕嘯　沉在
自己的內裏

從不曾體察
觸握流水而被刺痛的
感覺

且恆與一星螢火
伴唱　即使是一支
無調的歌

尋覓的眼色
帶著愛意　染著
許多個事物的情節
我開放我自己
不論白晝或黑夜
就是那小小一朵
無刺的薔薇

這是「自己的寫照」，也是對自己的期許，小辛覺得，不管自己是多麼弱，不管自己如何常常興起對事物的無力感，只要生命是開放的，在吸納的過程中，它就會強起來，就像薔薇一般，會得到鑑賞！

生命開放，無所謂命定與機運，小辛決定要以一顆無所索求的心，去面對明天。

想著這些，他放鬆了緊繃著的心弦，吹起口哨來。張甸在這片刻間適時走進，笑著問：

「什麼事情使你這麼高興，口哨吹得這麼大聲？」

小辛聞聲吃了一驚，發現是張甸，有點不好意思的說：

「一個人太冷清了，吹吹口哨調劑調劑。」

「我猜不是這麼回事吧？」張甸故意逗著說：「是不是接到了小姐的限時信，還是小姐的電話？」

「那有這回事。」小辛搪塞的說：「我的小姐還沒有出世哩！」

「你別瞞著我，」張甸一面脫著上衣，一面說：「你那一口子，還是我們張家的人。」

「怎麼，你知道？」

「你看，這就對了吧？」張甸把上衣脫落，往桌上一扔，繼續說：「是我們張家人，怎麼不知道。」

「你是聽木公說的？」

「不錯。怎麼樣，什麼時候把張家妹子帶來瞧瞧？」張甸開始解褲帶：「我請你們吃小館。」

「還早得很呢！」

「早得很？」

「是啊！我這是剃頭擔子。」

「不見得吧？」

「眞的，光我一頭熱沒有用——」

「你的話我不太相信，」張甸搶白，一面把長褲脫落：「聽木公口氣，你們已經很熱呼啦。」

「木公的話怎麼能信？」

這倒是眞的，張甸想，木公是個非常習慣於自作多情的人，站在木公的角度，很可能把事情看得太過簡單，而眼前的小辛，據自己的了解，在男女相愛這方面，卻跟自己相仿，有一種非常要不得的自閉症。想到這點，張甸便不再說什麼。

小辛呢？他本來好轉的心情，給張甸這一攪，又趨於低沉了。認識那位張小姐，這是事實，而且約過她看電影、坐咖啡館，這也是事實，但卻沒有進一步發展。小辛思想中最大的窒礙，是張小姐在讀大學，一旦學成，兩人之間學歷的差距，將必然會形成問題。

這問題能克服嗎？

小辛不願想它，爲了避開它，他開始在張旬身上找岔，裝作灑脫的說：

「你怎麼樣？聽說你姑媽最關心你的婚姻大事，一直在爲你物色——」

「不談這些！」張旬阻止小辛往下說：「我還不想被一女子套住。」

「這爲什麼？」

「何必自討苦吃。」

張旬說著，拿起脫落的衣褲，走向寢室。

小辛坐下來，覺得張旬的話有幾分難以令人理解，但他不準備細細思量。他摸了摸臉，這些日子來，臉頰上的肉似乎厚了些，但是，臉頰上的粉刺，似乎也一粒一粒的在繁殖，三十多歲的人，仍是一臉粉刺，想起來也眞令人煩惱。不過，小辛已不像從前，非把這粉刺擠掉不可。他覺得，容忍粉刺就好像必須容忍許多不稱心如意的事物一般。

小辛打著呵欠，有了睡意，他把辦公桌收拾乾淨，跨進浴室。

在放下蚊帳後，他想，晚上千萬別有人打電話來。

這時已十點四十七分，再過一小時十三分鐘，是新的一天。小吃攤的食客都已走散，僅剩的兩個客人，還在聊著。小周早就想走，他跟一位朋友說過，要去他家過夜，這麼晚要人家守候，太不好意思。但呂牧一再挽留，並且說：

「喝完這一瓶。」

算一算空瓶子，已經有四個，小周說什麼也不喝了，他搶著付了錢，挨了一頓臭罵，只好把錢收回，讓呂牧付，可是呂牧卻坐著，還不想走。

剛才聊些什麼，小周幾乎全忘了，只記得呂牧一直把話題岔開，東一句西一句的，連貫不起來。這是酒醉的兆頭，本來，小周也是愛酒後多說幾句的，所謂吐眞言，現在卻似乎沒有自己說話的餘地。小周覺得非走不可，於是他向呂牧揚一揚手，什麼也不說，走了。

「小周！」呂牧站起身，叫著：「小周！」

小周的身影沒入街角，呂牧感到十分難堪，彷彿受了侮辱，他大聲叫出。

「小周，你他媽的不夠意思！」

老闆吃了一驚，好在呂牧還能清醒的付清賬。

他——呂牧還沒有醉，雖然酒精在血液中翻攪，胃囊中有食物在湧動，他還能夠抑制，不吐出來。慢慢挪動腳步，奇怪，本來應該是飄飄然的，這一回雙腳卻像百斤鉛塊，重得難以拖起，這是怎樣回事？

他蹲下身，捶幾下小腿肚子，但再也直不起腰來。於是，萬般無奈的坐在路邊，突然覺得像坐在一條船上。他用手指有力的在柏油路面划著，路面的硬度使手指疼痛。

「這不是一條河。」他清醒過來，卻又想著：「不是河又何妨？」

搖搖晃晃的，錯把馬路當河流，莫非醉了不成？呂牧露出嘲弄的笑，心想，本來嘛，生命飄忽無定，把馬路當河流，又有什麼不可以呢？

不是有人說過：人活著，都有一套自己的邏輯。此刻，指路爲河，這便是我呂某人的邏輯。

但是，河床無水，我漂不起來，游不出去。他現在改變姿態，把雙手當槳，划動起來。划著划著，一次又一次，於是他滿足的笑了笑，對自己說：

「到了！」

到了什麼地方？他不知道。總之，這不是天堂。忽然他想起小周的一句話：

「在天堂邊緣，在地獄之外，我們在兩極之間尋找。」

這話是小周的邏輯，有幾分道理，不過，我呂某人豈可套用小周的邏輯？

他又開始雙手划動，甚至用了整條臂膀的力量，但河水不起波浪，黑黑的石質的河水，封閉了他生命的出路，他頹喪的停止划動，讓雙手軟乏的垂著。

夜色包圍著他。路燈伸著好長的脖子，卻看不見自己的頭顱，以及頭顱上那一片眞實的夜色。我又如何？呂牧想，難道我看清了自己的頭顱，以及頭顱外的一切，一切中的眞實？

他不敢相信自己，唯有飮酒的片刻，他才發覺，自己原來是這樣眞實，眞實得近似一伸手就可以握住，就可以捏成粉末。

對於酒，拿什麼來形容它都不恰當，也許只有拿自己的生命來印證。常常，甚至可說是每天，他總那樣熱切的爲了印證它而活過來，覺得自己多麼像一個人，勝過任何別的人；生命是充實的，高品質的。

可是，在印證了酒的存在與它所產生一種魔性的力量之後，他忽然覺得，生命是那麼虛脫，不具任何品質。於是，他痛苦的說：

「我恨，恨杜康老兒！」

而杜康怎知會讓一個人生恨？倒不如自問：

「爲什麼，爲什麼不能擺脫？」

其實，這問題縈繞在心頭耳際已經很久了，可是呂牧並未深入的追求答案。他記得，第一次被這問題擊痛，是在北竿島上，那次，不知爲了什麼，也許是那隻孤單的海燕吧？飛著叫著，在海邊的枯草叢間，呂牧發現了牠，然而當他以滿懷關愛去接近牠時，牠卻奮力振翅，沒入一片霧氛中。呂牧頹然跌倒，啊海燕，難道牠是那遠渡重洋去了異邦的女子的化身嗎？那個名叫海燕的女子是矯健的，聰慧而且有麼一種靈秀之氣，恰似不畏風雨的海燕。他在偶然的場合跟她相識，爾後便很知心的談起來，交了朋友。經過一般時日，他覺得對她有了愛意，透過各種方式向她表示，她不作任何表示，但也未加拒絕，於是，他蹈入了戀愛的陷阱。而那是痛苦多於快樂的，因爲她一直持著「受」而不「予」，呂牧則是「予」而無「受」，如此不均衡的愛情，總不免趨於幻滅。只是，呂牧心中一直保有「海燕」的形象，多年來的際遇都不能把牠抹沒。但是，這一次他終於清醒，海燕已飛走，沒入遙遠的天際。於是，他獨酌終宵，企圖用酒這種液體，把自己心中的陰影沖刷一空，但是他醉了，只見成群的海燕漫天飛舞，他躍身撲捉其中的一隻，想拿牠來佐酒，捉著捉著，他跌進一個坑洞裏，海燕還在頭頂飛舞，而他卻已經傷倒。

「我爲什麼不能擺脫？」

養傷的那幾天，他一直如此自問。但擺脫什麼呢？海燕嗎？還是酒呢？他兩者都不捨。

不久之後，接獲退伍令，這本該是生命的一個轉機，然而卻在生命的白晝與生命的黑夜中，他選擇了後者。他覺得自己有充分的理由作此選擇，他說：

「黑夜是死亡的鄰居。」

在夜中，他大量的喝酒，因爲酒是黑夜與死亡的唯一聯繫，藉酒的過渡，他從黑夜到死亡，不需要任何外力的襄助，然而他仍在白晝留下了形體，因爲死還未透。

死不透的人；這是他給自己的綽號。更因爲死還未透，所以他常設想，自己是一條船，或是一棵樹，或是其他的一種什麼，而今天，他總設想著自己是一條船，揚帆的日子哪，咿唷咿唷，他唱起了他的船歌。

「爲什麼不能擺脫？」

這是第幾百幾千幾萬次自問？他猛然站起，突然覺得有人也跟著他站起，誰？沒有回音，再問，依然沒有回音。他舉腳踢出，沒有踢中，揮拳，他沒有擊中，失敗的意念迅速在腦海浮出，這一次他不再拳打擊踢自己的影子，而是一掌拍向自己的臉，一面冷酷的說：

「我非擊中你不可！」

「啪！」火辣辣的一巴掌。

「我終於擊中你了！」

他嚷著，在同一時間，他的掌心佔染了一片濡濕，他哭了。

木然地站著，片刻之前曾猛烈擊打自己，但他的意識仍沉落在酒意中，他覺得自己眞實得不同往常，那麼深切的體認著自己尚未死透，於是，他開始在眩暈中找自己的頭顱，在痙攣中尋找自己的身體，在酒精燃燒的喉頭的苦澀中，尋找自己生命的歌。

而那不是你

在戴假面時間之後

彩虹之後

你甚至不是你自己

「不是你自己，」他喃喃自語著：「對啊，爲什麼要是自己呢？我難道不是小辛嗎？不是石見嗎？不是章山、管龍、趙明嗎？難道不是張旬嗎？流著同樣的血，同樣的黃皮膚，我難道不是你們的一個範式，一個標本嗎？不要在那裏冷笑，也不要裝出憐憫的樣子，我難道不是一個人嗎？」

沒有人敢說不是，除非自己說。

呂牧的酒意似在消失，他慢慢移動腳步，走向自己的住處。但是他竟不知道這是城市的那一角，茫然的走著，夜色中矇矓的物象似曾相識，卻不記得眼前這幢大樓的名字；走著走著，好長的路哦！

腦海裏，盤旋著無數個活過來的形象，走馬燈一般耀眼，漸漸地匯成一個浪頭又一個浪頭，後浪推湧，前浪消失，他的心不勝負荷。

那是多少年前，在貧瘠的土地上，趕著毛驢的孩子，常常在蘆葦叢中，尋找水鳥的蛋。秋天的小河邊，白鬚的蘆葦生長得好自在，他騎著那匹烏棕色的毛驢，唱著不知是什麼意思的小調，來到河邊，尋找水鳥蛋，一個個握在掌心還微溫的蛋，引發童年多少歡欣。在那時節，毛驢、蘆葦與水鳥蛋，構成一個小小的世界，在他心中，這世界是多麼美好！

轉眼之間，這小小的世界成了泡影。鬼子兵佔了這片土地，人活得更沒有指望，好不容易挨到雨過天青，眼前的一切卻那麼殘破不全，父親爲了重建家園，累出病來，兒子承繼父業，卻又被一個晴天霹靂，震坍了剛奠立的基。土地又被戰火燒灼，被血水浸染。不能再依戀了，走吧，孩子，如果命大，你會找個安身處。

父親的話經常響在耳際，可是他走的卻是莫可奈何的行程，白茫茫一片無涯，走著走著，沒再回望。

走著走著，也不知到了什麼地方，呂牧覺得好累，畢竟已入中年，跟年輕時一走百來里不能再比，他坐下來，這表示承認腳力已衰。那麼，一個規避了三天的問題，不能不去想它，而現在正是時候。

這問題太現實，也太緊迫，誰要是遇上，立刻會想它，想得身心交瘁的。而我呢？呂牧想，我把它冷落了三天，不是故意，也不是逞能，只是——心裏早有結論，想它也無用！

是什麼結論呢？要不要說出來？

說吧！呂牧命令自己：快說出來！

很簡單，只有一句話：捲舖蓋走路！

其實，這件事在三個月前已有跡象，畫刊銷路不振，公司入不敷出，三個月前就裁掉了二名員工。三天前，好不容易發放薪水，會計小姐雙手數鈔票，一臉苦笑說：

「這是最後一次了。」

公司負責人低頭吸煙，一句話蹩了老半天才說出口：

「老呂，你早作打算吧！」

這話聽來是多餘的，但呂牧還是很表感激。雖然如此，卻也有被捅一刀的痛楚。不過，他不想它，他到等，等到月底，等到房東來把房門鎖起。

只是此刻十分清醒，這問題不能不想。眞的，日子雖然長得很，總得一天一天的過呀！總得挨到死透，臭皮囊往焚屍爐一丟。所以，總得想它一想。

他記得三個月前，經由小辛的嘴巴向趙明透露過，在小辛看來，趙明是有辦法的人，自己雖然不以爲然，卻不得不暗自指望著。可是這三個月來，小辛不曾傳來這方面的消息，看來是沒什麼指望了。

別的朋友呢？呂牧想不起還有些什麼朋友，在電影公司共事的那些人，認識而已，算不上朋友。耍筆桿的一群呢?一個個苦兮兮的，即使有心也無力。那麼，在銀行工作的那一位，不行，不能再去麻煩他。

人頭一個個數著，心一片片的碎著。呂牧眞想再給自己一巴掌，爲什麼要覺得心在一片片碎著呢?他質問自己，難道非依靠別人不可嗎?

他站起來，心想:船到橋頭自然直。

這是很阿Q的想法，紹興老兒的阿Q，竟把血流在我的血管裏，這怎麼可以?滾，你這阿Q!

呂牧心中嘶叫，於是，那問題遂又盤踞腦海。

他又坐下來，想:

「活著才有一切的可能。」

這話是誰說的?小辛?不!是小辛轉述另一位朋友的話。這人是誰?

呂牧苦苦思索，想不起來。

活著才有一切的可能，活著有才一切的可能……眞的如此嗎?那麼我曾經有過些什麼呢?怎麼我一點也不覺得曾經有過些什麼呢?告訴我，朋友，爲什麼我現在一無所有?

「因爲你未曾活著，你只是死猶未透而已。」

誰說的?誰敢這麼說?

呂牧突然感到一陣透骨穿心的寒意，從四周襲來，他雙手緊抱在胸前，捲縮著，再捲縮著。

突然他又覺得周身燥熱，每根毛髮都在燃燒，他渴，渴！他要喝水，不，他要喝一種灼烈的液體。

他站起身，向前狂奔，大街寂寂，所有的夜市都收攤了，到那兒去買醉呢？

「酒，給我酒！」

他喊著，一路奔向前方，他看到了前面的燈光。

「酒，給我酒！我要再醉一次，我不要清醒！」

他大聲喊著，啪的一聲，跌倒在距離一個小吃攤三十公尺的柏油路面上，然後用他的身體，在路上寫下一個筆觸軟乏無力的「大」字，一切意識便在這個「大」字的完成中消失。

許久之後，才有一個在小吃攤吃飽肚子走來的年輕人發現這個人體的「大」字，好心的年輕人扶起他來，讓他靠在一支電桿旁，問他：

「先生，你怎麼啦？」

迷迷茫茫的醒過來，讓年輕人爲自己抹著臉上的塵土，呂牧才慢慢意識到，自己處於怎麼一種狀況中，他微感羞悔的說：

「我——我大概喝多了。」

年輕人似乎聞到了酒腥，心裏的熱情消失了一半，淡漠的說：

「你喝醉倒在路上，多危險啊！」

用這樣的方式來表達一種告戒，呂牧不能接受，他推開年輕人，站起身說：

「我知道這很危險，小老弟，我知道。」

說完便走。

這位年輕人臉上的驚愕之情是可以想像的。但是，管他對自己抱什麼看法，在他的世界裏，只不過又多了一個酒鬼而已！

呂牧的小小結論，頗合乎自己的生命邏輯。不過，念頭一轉，他居然不想喝酒了。儘管面前的小吃攤冒著酒香，他卻繞走到馬路對面，不管前面是什麼地方，只顧邁開大步。

不喝是對的，要是再跌倒，恐怕不會再有這麼一個年輕人，再說，現在是子夜，在天亮之前，要保持清醒——不不，不用清醒這個字眼，這太嚴重了，而且，我實在也不理解，清醒的含義如何。

他繼續走著，夜色更濃了，整條馬路只有他一個人，多麼自在啊，多麼愜意！此刻眼前的一切都屬於我。這光景，不能無歌。

無需否疑或肯證是不
有過龍或鳳這等生物
自來我們就啜飲著
如許繁花般的美麗
你總該聞及有關
醇酒是麼釀成的

是啊，醇酒，解渴又解憂，你怎可不悉它是怎麼釀成的？小辛，你太不懂事了，你怎麼長不大呢？還有你，石見，還有你章山，還有你袁寶，還有你管龍，還有你趙明，還有你張甸，還有你伍大鳴，你你你你你，你們這些李白的族類，怎麼不去求解醇酒是怎麼釀成的呢？

啊！這是什麼聲音。是什麼液體在那裏流動？酒嗎？呂牧向發出水聲的前方跑去，他看到了那條河。

「啊，眞好，我終於找到你了！」

他站在小河邊，開始脫衣，心裏只有一個熱望，要使自己是船。他把衣服扔在一旁，只剩下一條內褲，拍了拍瘦弱的胸脯，作好跳水的姿勢。

噗通一聲，跳進了誤以爲是一條小河的瑠公圳。

九

一連幾天，爲重感冒所困，又懊惱失去那本記事簿、那套衣服與那雙尖頭皮鞋，呂牧的精神顯得十分恍惚。

他不願去想那天晚上跳入瑠公圳以後的事情，想起來不僅覺得窩囊，甚至覺得可恥。不過，爲了那位好心的警員—老岳，他覺得這件事還是值得一想。究竟是什麼動機促使自己跳入瑠公圳？他想過，卻不能拼湊成一個較爲完整的結論，不過，有一點可以肯定的：非關病酒。

他清清楚楚的記得，在跳下的一刹那，十分清醒，甚至從來就沒有如此清醒過。覺得窩囊的是，瑠公圳根本不是一條河，只是一條水僅及膝的臭水溝。幸而前兩天下了場大雨，上遊的流水把臭水沖淡許多，要不然，喝進肚去，恐怕不祇是患一場重感冒而已。

可恥的是，當游到仁愛路口附近被人發現時，已經精疲力竭，要讓人扶持著才能舉腳行走，這就完全失去男子漢的氣慨。

還有一點也跟是什麼動機一樣，怎麼想也想不出完整的結論。究竟是什麼力量，使自己能從和平東路口游到仁愛路口的？這一段水程，水的深度僅到膝蓋，至少在一千公尺以上吧？

呂牧想不通，只能歸之於某種心理狀態所產生的結果。不錯，他在仁愛路口附近被人發現，然後被人從圳水中撈起，幾個圍觀的人中曾有人說：

「我看這個人的心理有問題。」

就呂牧來說，這確實是心理問題，不過，這是很難分析的心理問題。

他被從圳水中撈起後，身心已接近虛脫狀態，昏昏沉沉中，除了聽到「我看這個人的心理有問題」這句話，也聽到另外有人說：

「這個人不會是自殺吧？」

他不記得是什麼人先發現，並把自己從圳水中撈起的，除了聽到那兩句話，其他的話他都不記得。只記得自己清醒過來時，已躺在仁愛路口警察分局內的地板上，值勤警員還在餵自己喝熱茶。

躺在地板上，全身光溜溜的，只剩一條內褲，呂牧清醒過來的第一個感覺是全身酸痛，腸胃翻騰，想吐。但是他忍住了，並且掙扎著坐起，問道：

「這是什麼地方？」

沒有人回答這個問題，值勤警員苦笑著，隔了很久，才說：

「先生，你是怎麼回事？」

怎麼回事？呂牧想了一想，才恍然大悟，急忙站起身，嚷道：

「我的衣服！」

這一嚷，倒是提醒了值勤警員，於是，他用慣常問答的方式盤問起來，並且準備做筆錄。

「先生，你貴姓大名——」

「你先別問這些，」呂牧嚷著：「我要去找回我的衣服。」

「衣服？」值勤警員聽呂牧嚷著要找回衣服，第一個反應是，自己的判斷錯誤：眼前這人不是被剝了田雞扔到圳裏的，那末，這人怎麼會掉落圳裏呢？

值勤警員有一點困惑不解。這位警員的年齡已接近五十，長得很隨和慈祥的一張圓臉，山東口音，看樣子是軍中轉業過來的。

「老弟，」自覺年齡似乎比呂牧大，所以他改了稱呼，不叫呂牧爲「先生」了：「老弟，你是怎麼掉進瑠公圳的？你的衣服呢？」

「我的衣服？」呂牧還有點神智不清，睁大眼睛東張西望一番，含混的說：「大概在前面那個路口吧？」

「前面路口？」警員凝視著呂牧，又說：「你是說信義路口？」

呂牧想了一回，突兀的說：

「有多遠？」

「什麼多遠？」警員問道。

「這兒到信義路口。」

「嗯，大概——五百公尺吧。」

「那就不是信義路口，」呂牧頗有把握的說：「還要遠，總有一千公尺以上。」

「一千公尺？」警員凝思著，舉手敲敲腦袋：「一千公尺——哦，是和平東路，和平東路到這邊差不多有一千公尺。」

「我實在搞不清是什麼路口，」呂牧彷彿自言自語：「反正，一路游過來，很累就是啦！」

值勤警員覺得可笑，卻不好意思笑出來，輕嘆一口氣，正色的對呂牧說：

「老弟，你到底是怎麼回事？你有什麼想不開？」

「想不開？」呂牧回答說：「不不，請你別往壞處想，我是偶而心血來潮，想在水裏游一游——」

「老弟，」警員打斷呂牧的話，提高嗓門說：「瑠公圳是一條臭水溝，不是淡水河，也不是游泳池啊！」

呂牧沒有答腔，彼此沉默著，片刻後，警員站起身來，走動著說：

「我到後面去給你找一套衣服。」走了幾步，又回頭叮囑說：「你別走開哦！」

警員進入內室，壁鐘噹噹敲響四下，呂牧忽然覺得澈骨寒意，抱緊雙臂，極想喝些什麼暖一暖身心。警員拿著一件舊襯衫一條灰西褲與一雙拖鞋出來，交給呂牧，一面說：

「穿上衣服，等接班的來，我陪你去找衣服。」

眞是好心的褓母。呂牧說了聲謝謝，連忙把衣服穿上，衣服雖有霉味，大小卻十分合身。這時候，來了接班的警員，年紀很輕，一進門，就喳呼著：

「喂，老岳，有什麼情況嗎？」

「沒什麼，」老岳輕聲說：「記事簿在桌上，我走了。」

說著，一面招呼呂牧。

「走吧，找衣服去。」

呂牧剛邁開步子，接班警員突然說：

「老岳，這個人是——」

「噢，他是我朋友。」

老岳說完，拉著呂牧出門。

兩個人併肩而行，走了三十公尺，老岳開口說：

「這些剛出警校的小伙子，嚕唆得很，我懶得理他們。」

對老岳的好意，呂牧很領情，所以謙順的說：

「謝謝，更要謝謝你這套衣服。」

「用不著謝我，」老岳說：「老弟，你是山東人吧？」

「是啊，你聽得出來？」

「我也是，」老岳熱情的說：「小地方平陰。」

「我是萊陽。」

「好地方，我去過，萊陽桃穌入口就化，夠味！」老岳這麼一說，使呂牧心中戒懼的藩籬盡撤，他轉臉凝視老岳，希望對方多說些什麼，但是老岳只問了一句：「老弟貴姓？」

「呂，呂洞賓的呂。您姓岳，岳飛的岳？」

「不錯。呂老弟，現在你可以告訴我，為什麼在瑠公圳游水了吧？」

老岳的聲音非常懇切，但是呂牧眞不知怎麼啓口說明，這是極荒謬的一件事，也許有很多潛在因素所促成，卻不是容易解釋的。他感到困窘，遲疑了很久，才帶著羞愧的說：

「我——我喝醉了酒。」

老岳猜想也是這個原因，所以，並不覺得驚異，只輕聲說：

「老弟，少喝點，酒不僅傷身，也誤事。」

兩人從馬路內側，慢慢走向瑠公圳邊，水聲潺潺，聽來很悅耳，但它的品質污濁不堪。老岳暗自搖搖頭說：

「眞虧你，老弟，在這條臭水溝游了這麼遠。」

呂牧能說什麼？默默地走著，心想，要不是遇著這位老鄉値勤，自己說不定會被關在看守所裏，問口供、做筆錄，還得驚動朋友們來作保。他此刻酒意全消，頭腦十分清醒，只想早些走到和平東路口，找回衣服與鞋子。但是腳穿拖鞋，實在走不快。

老岳本來不必陪同呂牧找衣服，念著鄉親的情份，甘願跑這一趟，不過，他沒有信心，這是因爲呂牧喝醉酒，究竟是不是把衣服脫在和平東路口，恐怕大有問題。

兩人走過信義路口，還有一半路程，不能不說些話，把走路的疲累沖淡一點，於是，老岳說：

「老弟，你成家了沒有？」

呂牧搖搖頭說：「談何容易。」

「你在那兒高就呢？」

「談不上高就，在一家畫報社混飯吃。」

「你客氣。」

「真的，像我這種人，在此地無親無故的，能搞出什麼名堂？有口飯吃，已經不容易啦！」

這有些跡近牢騷，所以，老岳把話題岔開：

「老弟，不談這些。我請問你，萊陽是不是有一座古廟，廟前有一座七層寶塔，這座廟叫什麼普光寺？」

「沒有。」呂牧簡潔而又肯定的回答。

「這就對啦！」老岳說，聲音裏含有些許興奮之情：「我有一個同事跟我抬槓，硬說萊陽有一座普光寺，廟前有七層寶塔，我說沒有，他還要跟我打賭。」

「打賭的話，你那位同事必輸！」

「是嘛，」老岳說得更興奮了：「那個傢伙，抬槓大王，愛跟人打賭，十打十輸，他的脾氣，叫人一看，就知道在部隊裏幹得太久！」

「你老兄也在部隊裏幹過吧？」

「幹過，我是前年才轉業的。」老岳說：「老弟，告訴你，警察這一行不好幹。」

「我知道，」呂牧接應著說：「我有一個朋友，轉業當了警察以後，也這麼說。」

「你老弟也幹過軍人吧？」

「幹了二十年。」

「那你不如我，」老岳大聲說：「我在部隊裏幹了三十二年。」

「你是前輩。」

對呂牧的恭維，老岳似乎不領情，你淡然地說：

「老油條，三十二年只混個中尉。你老弟呢？」

「比你老兄多一條槓槓。」

「你年紀不大，幹嗎退下來？」

「人嘛，總想自己闖一番事業出來，」呂牧認眞的說：「我這種人，在部隊裏不容易施展。」

「這話怎麼說？」老岳不解，緊跟著問。

「我喜歡耍筆桿——」

「哦，原來老弟是個作家！」

「不敢，我不敢自稱作家。」呂牧顯得十分嚴肅的說：「坦白說，我只是把自己心裏想的，感覺到體會到的寫出來，別人看不看，看了以後有沒有同感，我管不著。」

「老弟，這不太對吧？」老岳也很認眞、嚴肅的說：「我是個粗人，沒唸過幾本書。不過，文章寫出來，總要讓人讀，讓人讀得懂吧？比方報紙上、雜誌上那些文章，要是讓人讀不懂，登出來做什麼呢？」

呂牧不知如何回答，窘著，最後不能不推托的說：

「我們不談這些。」

「爲什麼呢？」老岳轉過頭來問。

「不瞞你說，我寫得很煩很厭，不想再寫了。」

老岳不再說什麼，心想，這傢伙有點失意，若不是失意，就是有點自暴自棄。念頭轉到這裏，和平東路口已在眼前，老岳加快步子，一面說：

「是這裏吧？」

呂牧實在不知道是不是，漫應著：

「大概是吧。」

這聲答覆，使老岳的熱情驟降，心想，怎麼搞的，一個人對自己竟這麼不關心，他究竟是那一號人物？

儘然如此想著，老岳還是抱定「服務到底」的態度，幫呂牧在和平東路口北端瑠公圳兩側找衣服。可是，瑠公圳兩側除了雜草和一些廢紙，什麼也沒有。老岳有些灰心，想著眼前這位同鄉的每一句話，與說話時的態度，覺得這一個多鐘頭所發生的一切，有一些不對勁，於是，他恢復了一個警員的辦案態度，對呂牧說：

「老弟，你不是在開我玩笑吧？你好好想一想，究竟是怎麼回事？衣服脫在什麼地方？還是你遇上搶劫，被人剝了田雞？」

呂牧發現老岳改變態度，低頭想了一回，忽然像發現奇蹟似的，跑跨越瑠公圳的路橋北端，指著地說：

「是這兒，一點不錯，我就是在這兒聽到流水聲，我以爲這是一條河，我很渴，心裏焦燥，就脫光衣服，跳了下去。」

老岳半信半疑，心想，就此結案吧！

「好吧，老弟，」老岳朗聲說：「衣服丟了，你認倒霉吧！不過，我要勸你兩句，少喝酒，打起精神來。」

老岳說著，從口袋掏出一張百元券，遞給呂牧。

「拿去坐車，」老岳說：「你身上這套衣服，留作紀念吧！」

呂牧不知說什麼好，接過錢，輕聲說著謝謝，他的眼角開始濡濕。

老岳走了，寬寬的背影，在清晨五時的曦光中慢慢消失，再也不會見面了，呂牧心想，這是個好人。

他也離開了這個惹起一場風波的地方，走向和平東路一段。距城中的住處還遠，不過，他不想伸手攔早班計程車，手上揑著的百元卷，含著多少人情味，多深的意義啊！怎可不加珍視？

慢慢走著，走過師範大學，終於忍不住小腿的酸疼，他走進金山街的一家豆漿店。藉著熱騰騰的一碗豆漿，稣香的一套燒餅油條，使體力恢復不少，小腿的酸疼也減弱了。他本想坐著好好回想一番，客人越來越多，店面甚小，他不得不付賬走路。

走過金山街，來到信義路，在一家商店的牆上，壁鐘噹噹響起，他站著聽，鐘聲響了七下。他覺得需要加快腳步，在八點半以前到達住處，要不然，讓同事看到自己這副模樣，有失面子。

衣服丟了，鞋子丟了，還有手錶，身份證以及口袋裏二千多塊錢。這都不重要，重要的是那本小記事簿，朋友們的連絡地址、電話全在上面，還記著自己的一些重要歷程，譬如離家的日子，從軍的日子，退伍的日子等等，這一切，都不易記起。

懊惱已沒有用，呂牧急急趕路，只想早點回到辦公室地下間的住處，洗一個澡，換一套衣服，在同事面前露個臉，然後，好好睡它一整天。

小辛知道這回事，心裏很難過。他是在一個星期以後，上街購物順便轉到呂牧那兒，發現呂牧患著重感冒，探問病因，才從呂牧口中得知的。

呂牧說得有氣無力，小辛幾番阻止，都不能使呂牧不把這回事說完。他聽著，眞不知該說什麼。在無奈的情形下，他藉著爲呂牧買藥作了短暫的逃避。他故意走到中山堂附近的一家西藥房去買藥，希望拖長來回的時間，呂牧能闔眼睡熟。

但是，這一計失靈。呂牧睜著眼看小辛回來，說是等著服藥。

小辛強迫呂牧服藥後睡覺，一面藉詞說：

「我要回去值日，明天再來。」

呂牧表情木然，顯得不悅，但也無可奈何。小辛看呂牧躺下，熄了燈，丟下一句話：

「有事打電話給我。」

走出呂牧的住處，小辛忽然覺得，呂牧說的話會不會是眞的？這行徑太難令人置信。爲什麼呢？難道眞是醉得天地倒置，不辨方圓？自己也有過醉酒的經驗，只是頭暈腦脹，心跳加劇，精神特別亢奮而已，天在上，地在下，方形的東西有稜角，圓形的東西滑溜溜的，都可以分辨出來，怎會醉成這般？

那麼，是不是精神狀態有異，或是潛意識作祟？

小辛不願再探究，他爲呂牧難過；這些年來，呂牧變得太多，太令人難以捉摸。回到吉林路，已過了晚餐時間，他在巷口小攤叫了碗肉絲米粉，吃著吃著，竟覺得一絲絲米粉像一串串淚水，混和著自己的淚，他不知道爲誰而哭。

在小房間翻動那口灰漆木箱，把呂牧的信件翻出，讀著，他實在不能相信，寫這樣的信的人，竟是個那樣的人。所謂「這樣」，是呂牧的信中，曾一再強調做人的原則，而所謂「那樣」，是呂牧的行爲表現，都遠離了曾強調的原則。

這彷彿是龍與泥鰍，前者是龍，後者的泥鰍，這蛻變，是一個多麼令人心酸的歷程！

小辛收拾起信件，倒在床上，正閉上眼，電話鈴忽然響起。是呂牧打來的，他告訴小辛，不要爲已經發生的事煩惱，小辛的回答是：

「我得到一個結論——」

「什麼結論？」電話中傳來急切的語調。

「我覺得你變成一條泥鰍——」

「變成泥鰍？」語氣中頗感驚愕：「這有什麼含意？」

「你需要我解釋嗎？」小辛痛苦的說：「我的第一個解釋是，泥鰍的生命力很強——」

「好了，我明白，你不必再解釋。」

呂牧掛斷電話，小辛仍握著話筒，愕然呆立。

變作泥鰍又何妨？

在放落電話筒，一陣短促但激劇的心痛消失後，呂牧心中嘀咕著。本來我就不是什麼龍，更何況龍這種生物，只活在人們的傳說與想望中，太不切實際。

而我呂牧是一個務實的人，腳踏實地，不來虛無飄渺的那一套。

小辛錯了，嚴重的犯了認知上的錯誤，太感情用事，他還活在傳說與想望中，這樣的人怎能面對現實殘酷的衝擊呢？

呂牧爲小辛難過，他太脆弱了。不過，呂牧覺得自己也有責任，爲什麼不在這多年斷斷續續的交往中，教小辛學習堅強呢？

我不是有一套自設的強者哲學嗎？呂牧想，雖然這不能成爲一個獨立、完整的體系，但是這套「哲學」，卻支持自己，不曾卑躬屈膝在現實中倒下。

我早就應該把這「哲學」提供給小辛作參考，現在，小辛心目中的「形象」已扭曲，還來得及說嗎？說過之後，小辛會如何呢？呂牧有些困窘，他決定先睡一覺，把一切留待明天再作解決。

呂牧作著結論，呵欠連連，他慢慢走入地下臥室。一股沖鼻的霉味襲來，他強迫自己接受這股霉味，半年多來，臥室兼作書庫——其實應是書庫兼作臥室，他一直都睡在這股霉味中，早就習慣了。不過，今夜或許是特別清醒的緣故，竟覺得這股霉味不堪忍受。

他從煙灰缸中檢出半截煙蒂，點燃後深吸一口，倚靠在床頭，讓兩條小腿懸空著，忽然奇妙的覺得，自己與小辛就像這兩條懸空的小腿，生命不落實，而且，兩腿之間的空隙，也正是自己與小辛之間的距離。

在這種情形下，對於往事的追索，都屬徒勞，所以呂牧不欲再想什麼，他又深吸一口煙，捻熄煙蒂，不知爲什麼的嘆一口氣，然後躺倒在床上。

然而翻來覆去，怎麼也不能闔眼。萬般無奈地，他順手拿起床頭的一本畫刊，翻閱起來。這可以說是自己的心血結晶嗎？這本畫刊上的彩色圖片，一行行大小不等的字跡，不能給他答案。翻過一頁又一頁，這番作爲也是徒勞的，但是，他不忍把它丟開。

突然，當翻到有一張少女的臉的頁次間，他睁大眼睛。「首仙仙」這個姓名的出現，深深吸引了他。

無疑的，這是一齣悲劇，多麼聰穎慧詰的少女，怎麼以自我了斷結束了斑燦的人生？這事件暗示著什麼呢？人性的殘缺？親情的淒迷？抑或是社會的病態？

不能責怪那位母親，也不能責怪那位做海員長年飄泊的父親。呂牧想：這也許是所謂「命運的播弄」吧？

不不！這是十分宿命的結論，不應該這麼想。那末，這位少女的死，究應歸之於什麼呢？

呂牧苦苦思索，對啦！他從床上坐起，對自己說，這少女是死於人間至眞至善至美的追求。我不也追求著這些嗎？人間的至眞、至善、至美，雖然是十分抽象的，但人們不都是爲這些而活嗎？

不不！我呂牧如今並非爲這些而活，什麼至眞、至善、至美，太渺茫了，我早已看透它們，不可能存在人間，我活著，只是「死猶未透」而已。

這個結論，又使他頹然神傷，很想喝一杯。然而，口袋裏只剩下幾個硬幣，只夠明天的早餐。

還是睡吧，把一切留給明天。他躺下來，把畫刊扔到床邊，闔上眼，卻只見腦海中一片混亂，紅的藍的黃的黑的白的各色雜陳。是怎麼啦，呂牧，你竟連這點持力都沒有？

他又坐起身，下了床，在堆滿舊畫刊的斗室的空隙來回走動，就像囚籠中的獸類，無助而惱怒。他企圖什麼也不想，卻不可能。這使他覺得不是困獸，因爲就人的觀點，獸類是不會思想的。

畢竟高獸一等，是人，呂牧便不阻止自己想些什麼。他坐在一堆畫刊上，想著自己所經識的人與事。

他首先想起那隻矯健的海燕，不禁詢問，她找到了棲息之所嗎？海燕，生命活力的象徵，曾帶給自己多少欣喜？在大度山上的午夜，風聲嗖嗖中，她不是曾經許願嗎？在青空比翼雙飛。而今呢？被剪斷翅膀的生命，對青空徒具嚮往，這——呂牧不願再想它。

海燕隱沒天際，代之而起的，是一片白茫茫搖曳的蘆花，家鄉的秋天已到，河水將凍結，草叢中的鶺鴒不再唱歌了。本是收穫的季節，但在兵荒馬亂中，誰的臉上都不見喜色。說什麼少年不識愁滋味，自己識得的，不僅是幽幽情愁，更是椎心的家國之痛。

於是，豈祇是臂斷身殘而已，在河山易色中，經識了死神，生命終於成長。

想著這些，許多面像便都在眼前浮動，呂牧敢於肯定的說，這一生，無論怎麼變，他都會帶著這些面像，歸於最後的寂然。

而你們，呂牧喃喃自語，總也會有人帶著我的面像，一步一步走入泥土中。

這又是一個結論，雖然冷酷了些，卻也是事實。

他不欲再想什麼，站起身，慢慢走回床邊，他只想闔眼入睡。

他起床時已是午後二點三十分，似乎睡意未消，摸索著走上十一級梯階，猛睜眼，辦公室內一片空蕩，人們呢？他立刻領悟到，大概畫刊社關門大吉的日子已不遠，所以連工友老高也腳底抹油蹓之乎也。

失業已屬必然，發愁又有何用？好在老闆說過，積欠的薪水一定發清，暫時不必爲一日三餐傷神。而此刻，呂牧搜搜口袋，十幾個一元硬幣，怎解決「民生」問題？

這是個現實問題，非解決不可！他整整衣衫，想著，該去找個熟人，請他週轉一番。找誰呢？呂牧躊躇片到，又整整衣衫，忽然發覺，身上這套西裝還八成新，不不，六成新，料子與手工雖非一流，卻屬上選，如果送去押當，總值幾文。

現實問題，不用遲疑。何況，這是自己身上物，自己有權處理，總比向人伸手，說什麼「請老兄週轉週轉」要保持幾分尊嚴吧？就這麼決定，呂牧走下臥室，匆匆換裝，用報紙把西裝包妥，挾在脅下，出了門。

四百八十元納入袋底，盤算著先到那兒去吃一頓，但腦海中卻浮現當舖老闆那張圓臉，走了好長一段路仍揮之不去。這面團團的老闆一口寧波腔，不跟小辛是同鄉嗎？怎麼小辛的臉瘦成皮包骨呢？

這是不是現實問題呢？呂牧想著該去找小辛，弄明白這一點。尤其，所謂龍或者泥鰍，在小辛心目中，究竟代表著什麼意義，也要弄明白。

上午寫完下個星期播用的三篇廣播稿，心裏的重荷卸落，正準備吃過午餐出去看場電影輕鬆一番，林口本單位人事官的一通電話，把小辛弄得心情不寧。電話中傳來的聲音不甚清晰，小辛請對方覆述了二遍，才聽出一個大概意思是，報上去請求退伍的公文，大隊長已予轉報，但到了總隊部，總隊參謀長有不同意見，所以必須跑一趟林口，向參謀長當面報告。

何以參謀長有不同意見呢？難道說：我還是一個有用之材，尚堪造就？不准報退？這似乎不會，因爲小辛知道，參謀長對這類公文，在權責上還不能批覆，除非他代行總隊長職務。那末，是不是簽呈上的措詞不妥，參謀長處事一板一眼，要求重擬呢？

小辛困惑著，他決定立刻去林口，但是，人事官在電話中已有交代，參謀長要到明天下午才有空召見。整整二十四小時，心裏擱著件事，這多麼不是滋味。電影不想看了，小辛坐立不安的在室內踱步，看在趙明眼裏，心想，不用問，這小子準是有了麻煩。

趙明冷眼旁觀好一陣，終於忍不住問道：

「噯，小辛，你踱來踱去幹什麼？」

「沒什麼。」

小辛回答著，在趙明桌前站定。趙明正在審閱小辛上午所寫的稿件，手上執著一支紅色簽字筆，也不知怎麼搞的，拿筆的手一鬆，筆滑落在地，他俯身去撿，小辛卻已經先他一手把筆撿起。這本來沒有什麼，但小辛敏感的發覺，眼前這位長官兼作老大哥的人，似已不若往昔的生龍活虎。小辛記得，在林口那段日子，趙明一直是意氣昂軒，雖然五短身材，腰桿卻挺得筆直，笑出聲時還帶著共鳴。從參謀官到隊職官，他辦起事來乾淨利爽，但現在，卻顯得有些婆婆媽媽。

這改變不甚顯著，不過，小辛並沒有忽視，他在想，是不是因為天天上夜班，太勞累的緣故？

趙明發覺小辛用異樣的眼光看自己，甚感詫異，站起身，習慣地搓起手來，側臉問道：

「你這是怎麼回事？老盯著我看幹什麼？」

「哦！」小辛被問得吃了一驚，稍作鎮定後說：「是這樣的，我覺得你最近有些精神不濟。」

「是這樣嗎？」

「是這樣。」

「好吧，算你眼光厲害，」趙明又搓著手，壓低聲音說：「我告訴你，最近我去檢查身體，發現血壓過高。」

「高到什麼程度？」

「必須按時服藥的程度。」

「那末其他方面呢？」

「其他方面都正常，」趙明說著，走動了幾步，轉過身來繼續說：「看來，我暫時不能陪你們喝酒啦！」

「喝酒並不重要，身體要緊，我看——」小辛遲疑片刻，又說：「老大哥還是把晚上的差事辭掉吧——」

「這不行！」趙明搶白：「不能辭！」

「為什麼呢？」

小辛不解，盯視著趙明。

「我是為將來打算，」趙明急促的說：「你想，我們能在軍中長幹下去嗎？」

問題是嚴肅的，但是，趙明所說的「爲將來打算」，固然有理，卻也不能不爲身體的健康著想啊！留得青山在，那怕沒柴燒！小辛忽然想起這兩句，想說出口，卻又覺得不妥。因爲從現實的角度看，像自己甚至像趙明這樣的人，已經沒有太多機會讓生命作多方面多樣式的發揮，怎可隨意找一個藉詞，把難得的機會放過？

這麼想著，他緘口不語了。

趙明也不再說什麼，走回桌前，拍了拍小辛的肩頭，低聲說：

「你放心，高血壓還不能把我困住。」

小辛待趙明坐落，正欲走開，趙明卻把他叫住。

「別走，」趙明指著桌上的稿件，朗聲說：「這三篇稿子寫得很好，我想在明天的每週會報上，建議上級讓你也來寫每日評論。」

「我看沒有這個必要。」

「此話怎講？」

「我正在報退，這一來，就更難脫身了。」

「對啊！」趙明拍一下腦袋，彷彿是恍然大悟。靜默片刻，改換了關切的聲音說：

「情形怎麼樣？」

「恐怕不行——」

「怎麼會呢？」趙明又搶白，神情焦急的站起身，開始搓著手，一面進問：「公文在誰手上？」

「在參謀長那兒，」小辛說：「剛才劉人事官打電話來，說是參謀長有意見。」

「他會有什麼意見？他才到差不久，誰是張三李四，都搞不清楚。」

「聽說參謀長一板一眼，對報上去的公文，要求十分嚴格。」

「那他準備怎麼處理？」

「劉人事官要我明天下午去林口，向參謀長當面報告——」

「哦，對啦！你是以停年屆滿報退的吧？」

「是啊。」

「那他沒有理由不批，這樣吧，明天你去見他，如果有問題，我幫你解決。」

這番話令小辛十分感激，他覺得心頭放鬆了些；石塊仍在，但減輕了重量。他沒有向趙明言謝，趙明也不在乎小辛的一聲「多謝」，坐落後，趙明調侃的說：

「怪不得剛才你晃來晃去！」

就在這個時候，呂牧駕到。一進門，就揚手招呼：

「嗨，趙明！呂某人向您報到。」

「唷，」趙明站起身，用同樣的聲調說：「呂大人駕到，難得難得，請坐請坐。」

呂牧走近，一把握住趙明伸出的手，笑著說。

「向趙大人問安。」

「得啦，別演戲了！」趙明把手抽回，充滿感情的問呂牧：「近來好吧？聽說你們畫刊有人出資，垮不了啦！」

「那有這回事，」呂牧有些喪氣的說：「老兄，你不是在安慰我吧？」

「眞的，」趙明認眞的說：「昨天晚上我在報館才聽說的。」

「眞有人這麼說？」呂牧幾乎不信任自己的耳朵，又追問一句：「不會是別的畫刊吧？」

「不會錯，老弟，」趙明放慢語調：「我聽得千眞萬確，有人願意投資。」

「這個人是誰？」呂牧顯得有些沉不住氣，不過，這也難怪他會如此，因爲這關係到他的生活問題；十分現實的生活問題：「是圈內人還是圈外人？」

「我只答復你後面這個問題，」趙明作著手勢說：「是圈內人。不過，這位仁兄是誰，恕不奉告。」

「何必賣關子呢？」

呂牧苦著臉，希望因此博得趙明的同情，把那人名字說出，但趙明裝作沒看見，把話題轉向：

「怎麼樣，呂大爺，你今天是來──」

「幹什麼嘛，你？」呂牧苦著臉說：「這個人總不會是你老兄吧？」

「哦！這可說不定」。趙明搓起手來，然後合掌一擊，發出啪的一聲，低頭躬腰說：

「這人雖是圈內人，你我都不認識。」

這番話，算是最後的答覆，呂牧雖不滿足，卻已無可奈何。他掏出香煙，分遞給趙明與小辛一支，趙明沒有伸手接取，快速的說：

「我暫時不吸。」

「戒啦？」

「說不上戒，我本來就沒有癮，現在血壓高，乾脆不吸。」

「你血壓高？」呂牧找到報復機會，毫不放鬆的說：「活該，誰叫你拼命賺錢！」

趙明冷不防呂牧來上這麼一句，想了一回說：

「你錯了，呂牧，君子愛財，取之有道──」

「你才錯了，趙老大，」呂牧準備爲這抬上一槓，大聲說：「這句老話用不上，我沒有說你愛財無道，我是說，身體才是本錢，爲了多賺幾個身外之物，賠上老本，太不合算。」

「有道理，」趙明拍著手說：「有道理！你呂大爺的確見過世面，滿口道理，不過─

」

「不過如何？」

「算啦，不談這些。」趙明突然變了氣，小辛從一旁看到他的雙眉微鎖，神情已不若片刻前開朗，覺得很奇怪。

而呂牧卻不曾發現，依然追問著：「不過如何？」

「不談這些，」趙明覆述著，一面看看手錶說：「我要走了，你們聊聊。」

趙明說走就走，但剛走到門口，就停步轉身，對呂牧說：

「呂牧，我剛才說的有人支持畫刊，這件事一點不假。不過，新人新政，畫刊社的人事怎麼安排，誰也不知道。所以我要勸你兩句，在這段期間，你要自求多福，少喝酒，多守在辦公室裏。」

這番話完全於善意，但從呂牧的表情看來，似乎並不領教。小辛當然更不能表示什麼，不過，對呂牧淡淡的表情，他甚爲不滿。吸著煙，抑制著不滿的情緒，他決定讓呂牧先開口。

呂牧似乎也懷著讓對方先開口的心意，彼此默默相對，形成難堪的僵局。最後，呂牧不能不承認失敗，心想，怪不有人叫他「冷公」，倒眞沉得住氣。

「怎麼樣，最近有沒有跟那位張小姐在一起？」

小辛沒有即刻答覆，捻熄煙蒂，才說：

「沒有。」

呂牧顯然看出兩人之間存在著某種障礙，卻意欲不把它放在心上，裝作輕鬆的說：

「爲什麼不去找她看看電影，泡泡咖啡館呢？」

「不想。」

依然是兩個字答覆。這不是故意令人難堪嗎？不悅的念頭一閃而過，呂牧再次輕鬆的說：

「是不是手頭上不方便？大哥支援你。」

「不必！」

聲音決絕，這使呂牧更感難堪，他什麼也不再說，扭身就走。

十

前思後想，對自己的頂撞呂牧，小辛一直感到不安。他不知道呂牧在那天匆匆走後，心中有沒有受辱之感？會不會因此而狂飲，來個酩酊大醉，重演一次「瑠公圳事件」？或者，會不會因爲濫醉而病倒？

不僅心中不安，小辛甚至爲此而責罵自己是一個「負義的人」。

那天呂牧扭身而走，竟毫不加以阻攔，這不是一個正常人應有的行爲表現。呂牧是何等敏感的人，怎會體認不到這不是一時負氣的表現？那麼，呂牧是如何忍痛的承受這一擊呢？

小辛想像不出，呂牧扭身而走時心中複雜的況味。他只覺得自己做得太不該，太絕情，而且，也太現實。從這一個層次探討，小辛痛苦的發現，自己所持的觀點，原來都是出於現實的尺度衡量。

現在，小辛想：我要作一反省，對呂牧再作一次深入的觀察。他翻動桌面上每一張紙片，每一個抽屜內的文件，甚至寢室一角那口舊木箱內的物品，凡是關係到自己與呂牧交往的，都抽出來，準備冷靜的重加閱讀。但是，這些信件、摘記能否拼湊出呂牧的完整形象呢？他不能肯定。因此，他決定向工作單位請兩天假，到霄裏、林口、石門等地去一趟，在那些地方，重拾自己與呂牧的情誼，再次建起呂牧的形象。

他先去石門。這個濱海的小鎮，十多年來，已面目全新，成爲一個觀光遊樂區，雖然那條小街猶在，但兩旁的不少房舍已重建，那家曾經煮出一道味美的鮮魚湯的小吃店，換了一塊招牌，店面也擴大了。小辛走到海邊，小學校的房舍改建中，新闢的操場沙塵輕揚，時值暑假，盛夏的陽光照落在幾棵尤加利樹上，小辛敏感的發現，這些樹已突破生長環境的限制，長得又壯又高。他忽然想起人的生命成長，十多年來，自己與呂牧究竟是「高」了「壯」了，抑或「矮化」了「荏弱」了呢？

記憶中的海防營舍已拆遷，入耳的海浪聲變得單調起來，昔日「呂排長」的形象便也不可捉摸了。

小辛集中心神，苦苦思索，勉強可在腦海中描繪一幅當日的情景。

就現實意義來說，呂牧從霄裡調職到石門，是一個人生經歷的難堪旅程。他被貶官了；從獨立排長到營級參謀官到編餘的附員到到步兵連的排長，這是一條下坡路。但是呂牧雖心懷被貶之感，卻仍視之爲一次人生的歷練而接受任命，到差後，就擔任了海防檢查站的主管。這項任務主要是漁船進出港口的檢驗放行，以及以檢查站爲中心，左右各五百公尺的海防巡邏。

呂排長到差後頗得人緣，主是因爲他的爽直豪放、敢作敢當，他從不斤斤計較出海作業的漁船在申請單上是否全蓋了章，這使漁民們對他甚爲感激，總不忘作業返航後給他帶上一條魚或一對龍蝦。

小辛從霄裡到石門去看呂牧，沒有考慮天氣因素，因此剛巧那天風急浪高，又是漫漫陰雨，他沒有口福吃到鮮魚。好在小街上的源記小吃店，還有冷藏的貨品，他們喝了一瓶米酒，吃了一大碗豆腐酸菜魚湯，一盤花枝炒米粉，便走到小學校的尤加利樹旁。

開始是呂牧重覆心中的驚喜：

「我眞想不到，這種天氣，你會跑來看我。」

小辛沒說什麼，注視著矮牆外的大海，再看一眼矮牆東側一百公尺外海防檢查站的破舊營舍，不禁爲呂牧的境遇感到委屈。

「你怎麼樣？」呂牧問道：「在第三科已經習慣了吧？」

「到那兒都一樣。」小辛輕聲回答：「無所謂習不習慣。」

「不見得吧！」呂牧提出異議：「我認爲在師部總比在連隊好，自己的時間多，可以多爲自己打算。」

「可是，你卻調到這裏——」

「這跟我的調差應該不發生關係，」呂牧搶白：「重要的是一切自己把握，不要依賴別人。」

「我是這麼想，可是——」

「沒有什麼可是不可是，」呂牧又搶白：「寫詩、搞文學，要靠自己摸索，要耐得住寂寞。當然，你才二十出頭，不容易熬得下來，不過，多找點時間讀書，總可以吧？至於想多交幾個朋友，那要你怎麼去選擇，我覺得台北的石見，還有袁寶，你們上次已見過面，可以深交。」

小辛又陷入沉默，他回味著呂牧的話，覺得十分受用，然而，他應該怎麼表達對呂牧的關懷呢？

「我在這裏很好，」呂牧的聲音又響起：「忙是忙了一點，精神上還算愉快。以前在師部，業務不多，空閒下來總不知道怎麼打發時間，現在想起來，那段日子很荒唐，沒有好好把握。所以我要勸你，好好把握時間。」

後來，呂牧談到自己正在讀的一本書：「到奴役之路」，那是向石門小學一位中年獨身男老師借的，呂牧覺得那位裘老師很有深度，但性格十分怪癖。這本書告訴呂牧，政治上極權主義是如何善於利用一般民衆的盲從心理，而形成勢力，等到力量足以推翻另一種制度時，極權主義又如何利用群衆，將另一制取而代之，一旦得到政治上的絕對優勢，極權主義便翻臉不認一切舊帳，把群衆當作奴隸對待。

呂牧把閱讀這本書的心得娓娓道來，但當時的小辛對政治毫無所知，聽得卻倦倦欲睡。這時雨勢加大，呂牧才結束談談，兩人急急奔回營舍。

當夜宿在呂牧處，與排裏士兵睡通舖。小辛輾轉難眠，想著呂牧一再的告戒把握時間，深感此行不虛。

現在，重履石門，景物的變遷雖大，但大海依舊洶湧，小辛深感慚愧的是，十多年來，時光虛度。他又想及呂牧神情嚴肅的談起「到奴役之路」，覺得呂牧確是有著深沉的一面，而這一生命形象的塑造，不是憑空而生。

小辛從石門回台北，很想立刻去找呂牧，告訴呂牧：

「我錯估了你。」

但是，他又想到，畢竟這是感情用事，對呂牧來說，不可能產生實質上的意義。如果說，自己不願意把生命形象重加塑造，旁人又豈能代而爲之；即使旁人代而爲之，豈不如同紙紮？多麼徒勞啊！小辛幾乎想放棄再做這件事：塑造呂牧的生命形象。但是，他又極不甘心。他覺得，不僅是自己交一個人生道上偕行旅伴。這也是爲那些可愛可敬的朋友，讓他們知道，呂牧的生命形象，雖然被他自己的行爲損傷、扭曲，以至蒙塵，但是，這「猶未死透」的生命形象，亦曾燦然的發出光，亦曾溫暖過另一些生命。

這個決定，促使小辛立刻換車去霄裏。

霄裏的改變更大，小辛已找不到昔日與呂牧漫步過的小路，以及那座魚池，那雜亂的相思樹林。營舍已完全改建，擴大了數倍，門禁森嚴，小辛不得其門而入，只好在遠處觀望。以前的球場已不見，小辛想起當年在排球場上顯身手，打的是舊式九人制，小辛的二排中可說是一柱擎天，能攻善守，使得第三科球隊在師部幕僚單位中所向無敵，即使連師部直屬單位如衛生連、通訊連、搜索連、運輸連等等，也都不是對手。

排球場上露一手，本來不算什麼，但小辛年少氣浮，爲此喜形於色，不免在同事面前顯露驕態，這事被呂牧得知，他不加責怪，只說：

「小鬼，球是圓的，這個道理你好好想一想。」

球是圓的，如今想著這句話，再把自己這幾年來的際遇聯繫起來，小辛發覺，呂牧深沉的一面，令人可畏。這倒不是把球形的圓，拿來作「圓通」、「圓滑」等解釋，而是圓形的不可捉摸與不易把握，更由於不可捉摸與不易把握，所以你不能永遠把它擁爲己有，那麼，你便不能成爲一個永遠的勝利者。

呂牧對小辛的「指點」，使小辛在成長過程中有了持力，這是小辛永遠感激的。

在霄裏，相處的時間並不長，而且呂牧在第四科，兩個單位相距一段路，各有各的起居作息場所。他們只偶而在晚餐後，踱出側門，到那條走向相思林的小徑散步，不一定進入相思林，有時左轉走向另一條小徑，前面便是那座碧綠一片的魚池。

小辛對魚池的喜愛遠勝於相思林，而呂牧則不然。往往，當走到左轉路口時，小辛會突然止步，顯出遲疑的神色。那時，呂牧便說：

「轉過去吧！」

來到魚池，小辛總喜歡蹲下來，折一支草莖，撩動平靜的水面，亂波泛揚中小辛的一顆童心似在水面漂起。這時呂牧並不注意小辛的動作，只默默的昂首觀天，想著些什麼。有一天，呂牧突然也蹲下身，用一支隨手拾來的竹枝撩動池水，並且說：

「天下就是這樣亂起來的！」

小辛不明白這話是什麼意思，怔著，注視呂牧起了變化的臉色。

「誰的力量大，」呂牧彷彿自言自語：「誰就可以興風作浪。什麼無風不起浪，如果是人爲的風，它完全不理會自然的規律，誰能夠抑制它呢？」

這又是呂牧生命深沉的一面。小辛記得，那天他們離開魚池，呂牧的興緻正濃，便又去尋訪那片相思林，呂牧在林中幽微的氣氛下，談著他對人性與道德的體認。

「戰爭的意義究竟是什麼呢？」問小辛，又彷彿自問，呂牧深深吸一口氣，然後低沉的說：「是人性的惡善之爭嗎？興起了人爲的風，誰都會說，我這是爲死沉沉的人世製造一種動力，把人類向更好的生活境界推進，狗屁！難道沒有戰爭，人類就不會進步嗎？其實，我也搞不懂，人類爲什麼要拿戰爭來作賤自己？所以我一直在懷疑，道德對人性是一種規範，它可以約制人性偏離善的位置。同時我也懷疑，所謂天道天理，這個超越的形而上的實體，能夠對人性產生制衡作用。孔老夫子說：君子喻於義，小人喻於利，義利在我看來，實際上也可以說是一個人一體的兩個形態貌相。」

小辛不怎麼能夠領會這番話，所以未加任何意見。但是，他知道，這是呂牧喜歡看書，看了之後喜歡動腦筋，又是在動腦的過程中不放過對事物多加觀察的結果，這樣活著，一個人的生命是豐盈的。這給了小辛莫大的啓示，然而，此刻反觀自己，這些年來，究竟看了些什麼書？動了些什麼腦筋？對事物如何加以觀察呢？

小辛愧於回答。

他繼續呆立在那座營舍大門遠處的一角，心中浮現著呂牧的生命的形象，不解的是，這形象何以被自己損傷、扭曲，使之蒙塵？

懷著這個難解的心結回到台北，已經深夜。回吉林路，在門口碰到剛下班的趙明。

「你到那兒去了？」趙明一見小辛就問，然後說：「呂牧打了幾次電話來找你。」

「呂牧打電話來？」小辛不能相信的問道。

「是啊！都是我接聽的，他好像有事找你，」趙明說著，進入屋內，一面又說：「你不是請假去找他嗎？」

「是去找他呀！」小辛有點錯亂的說。

「你既然去找他，你們碰了面，他爲什麼還打電話來找你？」趙明也似乎有些錯亂，繼續說：「你們在演那一齣戲？」

小辛沉默片刻，慢慢使自己從「呂牧會打電話來」這個意想不到的愕然中清醒過來，然後說：

「不是演戲，我今天是去看從前的呂牧。」

「看從前的呂牧？」趙明大吃一驚，越聽越迷糊，急切的問道：「老弟，你沒喝醉吧？」

「我今天滴酒未沾。」

「那末你老弟——」

「老大哥，你請安心，」小辛打斷趙明的話，緩聲說：「我沒有神志不清，我今天是到石門、霄裏兩個地方去，想從實際的場景，喚起一點從前跟呂牧相處時的回憶，把呂牧這個人給我的印象，重新組合起來。」

「我搞不懂，」趙明聽後搖頭說：「搞不懂你在寫一首什麼樣的詩。不過，你的話裏，有一點我大概可以揣摩幾分，你跟呂牧最近是不是有點不愉快？」

小辛點點頭，表示承認。

「爲什麼呢？」

小辛不予回答。

「是爲了他的對什麼都不在乎？爲了他的天底下除了喝酒，什麼都不重要？」

小辛又點點頭。

「老弟，」趙明拍拍小辛肩膀，低聲說：「人各有志，你還是多多照顧自己吧！」

趙明說罷就走，小辛愕然而立，心想：多多照顧自己，這話有幾分道理，但完全對嗎？他擱下這個問題，想到呂牧竟然打電話來，有什麼事呢？表示什麼呢？而且，此刻要不要打電話去？

他感到紛亂不安，整個白天的奔波又使身心俱疲，小辛決定什麼也不理會，洗一個熱水澡，好好睡一覺。正當他脫盡外衣，跨進浴室，電話鈴響起。

趙明接的電話，告訴對方小辛已經回來，這就不能不接這通電話了。

「小鬼嗎？」十幾年前的口氣，表示對那天的事一點也不放在心上，呂牧和悅的聲音傳來：「你今天到那兒去了？」

小辛頓了片刻，不得不說：

「我去石門和霄裏。」

「到那些地方幹什麼？」驚異是不免的，但語調仍和緩：「你現在才回來？」

「也沒有什麼，」小辛說：「俗話語，溫故知新，我把從前的日子，去重讀一遍。」

「從前的日子？」有些不解，但立刻會意：「哦！你是說我們從前相處的那段日子？怎麼樣，有什麼收穫？」

「我還要好好整理一番。」

「也對，」呂牧那邊加重語：「否則，拿現在的眼光看從前，會變質。」

「我可以告訴你，」小辛也加重語氣：「雖然你在我心中的形象，有些扭曲，我今天去，卻帶回來一個完整的——」

「不必這麼說，」對方搶白：「你我的日子，還長得很。我自己弄傷了身心，給朋友們看到一個破損的外觀，這是咎由自取，不過，我會慢慢治療身心的傷口，把破損修補過來。至於你我之間，本來就沒有裂痕，所以，你說龍變，看我變爲一條泥鰍，我並不認爲這是一種侮辱，你是對的。」

「不，我沒有權利這麼界定一個人，何況是你——」

「這對我並不是一種界定，」呂牧又搶白：「小鬼，你不必介意。其實，如果你視我爲龍，我反而覺得悲哀，因爲，龍不存在，它代表抽象的尊榮、高貴，跟實際人生背離，而泥鰍呢？活生生的，生存能力強過許多其他生物，我覺得在現實中，寧爲泥鰍，也不想爲龍，對我的生命形態來說，比較貼切。」

「大——哥——」小辛忍不住這樣叫出。

「不要浪費你的時間，時時爲我設想，好好照顧自己，安排自己的未來。」呂牧的聲音滿含舊昔的情誼：「我打電話給你，只告訴你一件事，我的服務單位決定拆伙了，我明天就到中部去，說不定去南部，變換一個環境，對我也許有助。」

卡嚓一聲，電話掛斷，小辛來不及再叫一聲「大哥」，他木然呆立，彷彿生命中的一條繩索，突然斷裂。

這一夜，他只呆坐在辦公桌旁。

天亮時他趕往城中呂牧的住處，那兒已人去屋空，他立刻轉往火車站，懷著僥倖的念頭——也許會遇上南下的呂牧，卻失望而回。

趙明問他怎麼臉色蒼白？小辛的回答是：

「天氣陰沉。」

趙明知道小辛的情緒陷於低潮，不再說什麼。

小辛走入自己的臥室，一股寫些什麼的衝動，使他迫不及待的隨手抓著一張紙。伏在床上寫起來。待他寫了幾行，才發現那紙竟是呂牧的一封信。

「×弟：

我極其不願的給你寫這封信，因爲我在讀過你的一些作品後，發現你嚴重的患了自閉症，而且，你沒有把自己與事物的關係作一個適度的調整。

你知道我離開此行已有相當長一段日子，呂某才盡的說法也已經在不少朋友之間流傳。我承認有些問題困惑自己，而爲什麼非喝醉不可是其中之一，但不承認我已經被擊敗。我想之再三，寫詩的無聊，無論如何，總不及某種人不知爲什麼還要活著的無聊，所以，我覺得寫詩還有可爲，我便也沒有放棄讀別人寫的詩。

我不願厚責一些朋友用寫詩來裝飾自己，借詩這個單純、純潔的藝術品把自己美化，但是，讀這些詩，卻成爲我一個痛苦沉重的負擔。何以故？這些詩人對人生太沒有深挖，太不去參透人生，豈不浮泛架空？轉過來面對自然呢？自然它本來就那麼美好，用詩來反映，不能把美好襯托反而醜化，又何苦來哉？這才是眞正無聊之舉！

你的詩，也就是這種無聊之舉的結果，所以我覺得你應當暫時停寫，回過頭來看自己、看人生。我不想加害於你，勸你喝酒，但微醺之後看事物，確是別有一番情味。

我還要再說一說詩人究竟是幹什麼的？也就是說，詩的人生使命。我一向認爲使命二字太嚴重，太著意，太落實，但有什麼更好的字眼可以取代它呢？姑且說是使命吧！詩人當做的是：把人的種種挖出來！剖屍也好，撿骨頭也好，詩要建立起來的是人完完善善的造像，不是塗脂抹粉而已！然後拿一個完整的人，去聯繫一切！

我們的詩人漠視這一點，尤其是漠視自己，自己的兄弟——黃皮膚的兄弟。

好啦！我說了一連串大話，想想自己，我要說，×弟，把這信撕了。祝福

大哥・未醉前」

讀著它，百感交集。而就在這種矛盾、雜複的心情下，小辛還是寫成了這首「飲者之歌」。

日日　你必使自己蛻化爲另一生物
在空氣的被褥中孵育一窩
灰色的回憶　唱那
既不輝煌也不黯然的歌

時間常是食料
在你的牙齒間
被嚼成一種液體
然後　人生的序幕便幽幽
揭開
而你舌尖總那麼品味著
　　　　一種苦澀

這夜晚
彷彿你也是
孤燈一盞
照著自己

你怎不讓自己的影子
舉步

迎向遙遠

富麗的日出

小辛希望透過這首詩，與呂牧再作溝通。

這一天，巧的是許多訊息接踵而至，首先是趙明喜訊：十月十三日請大家喝喜酒。接著是石見的來信，說是辦妥了退役，將暫棲高雄。小辛自然爲趙老大與石見高興，但自己呢？

他決定去林口原單位再作探詢，回來後，該去探望那位張小姐。

灰歸灰，土歸土，誠如趙明說的「要多多照顧自己」，也誠如呂牧說的「安排自己的未來」，小辛要爲自己闢一條可行的路，這念頭，從未有此刻這麼堅決！

後記

這樣做個結束，我知道是犯了寫小說的大忌，這該歸咎於我的才拙；我實在不會寫小說。

在這作品中出現的朋友，我得向你們告罪，因爲我沒有成功的刻劃你們的形象，把你們完整地呈現出來。

事實上，活動在作品當中的，只是呂牧和小辛（我自己），其次是趙明與石見。但我寫趙明與石見，寫趙明的敦厚、石見的銳敏，也只是一個片面。我用他們來烘托小辛與呂牧的交往，是一種不夠坦然的手法——我壯大了小辛的形象。

至於呂牧，被刻劃得十分不堪，這便更要請他恕罪。但是，我要說，作品的「眞實」性，是我盡力把握的；小辛的成長就是如此，也就是說，我是如此成長的。

小辛並無過人之處，只不過一個平凡的人而已，他生存在一個不平凡的時代，因爲還活著，所以，我還會再寫他。

向您告罪，這一年多來，讓您讀這乏味的東西。

校對手記（二〇〇三年四月廿三日）

校對是一件苦差，尤其是自己的作品。先是短篇小說集——「鏡子」，校完後發覺，那集子裡所出現的小人物，一個個都在我生活過程中活過，但，有些人太類似了；這才驚醒，我拿多年來的自己作了藍本。

這是創作的大忌。後來，我寫「龍變」，爲的是要把積甸在內心的感情上的重壓卸落——在我三十到三十五歲那幾年中，我接受多位朋友的關愛，到了貪求的程度，以至給人「長不大」的感覺——讓自己成長。這就不能不拿自己作藍本，並且，把我敬重的朋友們寫了進去；再次犯了創作大忌。

所以，我要請讀者別把「龍變」當小說，就當作我辛鬱生命成長過程中的一段記事吧！記事中出現的人物，都是助我成長的朋友，他們是——

沙牧（呂牧）、一夫（趙明）、沈甸（張甸）、商禽（石見）、楚戈（袁寶）、紀弦（老朋友）、梅新（章山）、魯蛟（張蛟）、丁文智（丁智）、大荒（伍大鳴）、管管（管龍）、古貝（林雄）、葉泥（大尉）、秦松（木公）、周夢蝶（周公）、周鼎（小周）、鄭愁予（鄭韜）、秀陶（鄭金川）、瘂弦（王弦）……

在此，要特別謝謝他們。